古畑康雄



# 精《せい》日《にち》

## 加速度的に日本化する中国人の群像

講談社＋α《プラスアルファ》新書

# まえがき――「反日」を覆す新中国人の実態

「もともとは旧大日本帝国海軍（日本海軍）のオタクなので、日本海軍の歴史や人物や戦艦などに、えも言われぬ好感を持っています。もう存在しませんが、日本海軍はあの時代、アジア諸国で一番高い水準の技術部隊で、それはアジア人共同の栄光だと思います」

こう語る飛鳥《あすか》さん（ニックネーム）は、横須賀の海上自衛隊（海自）の一般公開で撮影した写真を見せてくれました。護衛艦をバックに白い海自の制服を着て敬礼する凛々《りり》しい姿は、とても彼が「八〇後」（一九八〇年代生まれ。以下同様）の中国人とは思えません。

「日本海軍から日本を愛するのは、ただの屋烏《おくう》の愛（熱愛、深い愛情）ではありません。高校時代に多くの日本のドラマを見て、日本の皆さんのように礼儀正しくし、人を敬う気持ちを忘れないようにしたいと思っていました。さらに本で、明治時代のヨーロッパ人日本研究家、小泉八雲《こいずみやくも》を知りました。彼は日本に対して深い愛情を持っていたので、日本国籍を取得し、東西文化を比較しながら日本人を理解し、西洋に紹介して功績を挙げましたが、これに私は強く感銘を受けました。そして、自分もそのような人になりたいと思ったのです」

広東《カントン》省生まれの飛鳥さんは、中国の大学と大学院を卒業後、教員をしていました。そして日本人の女性と知り合い結婚し、二〇一五年に来日しました。

「来日して、この素晴らしい国への愛情も日増しに高まっています。日本の皆さんにお世話になっており、日本人と変わらない福祉制度を受けたり、外国人として優遇もされたり、さらには自国にはない言論の自由が与えられています。このような生活が送れる私は、本当に幸せだと思っています。日本は経済と科学の面だけでなく、社会全体的に発達しています。本物の『調和社会』（矛盾《むじゅん》がなく調和のとれた社会の状態を指す中国のスローガン）と言っても過言ではありません」

飛鳥さんは近く日本国籍を取得し、日本人として、日本での本格的な生活を始める予定です。


激しく変貌する中国社会で、「精日《せいにち》＝精神日本人」と呼ばれる新しい中国人が、日中両国で注目されています。「精日」とは、私の取材から得た解釈では、「もともと日本人ではないが、日本人や日本社会の生活様式、文化、価値観を高く評価し、自らの生活にも取り入れることで、できるだけ（彼らの考える）日本人に近づこうとする外国人（実際には中国人）」

のことです。

この「精日」という言葉を初めて聞いたのは、中国の王毅《おうき》外相による二〇一八年三月の全国人民代表大会（全人代）での発言でした。会見の最後に、中国の記者が何の脈絡もなく、「精日についてどう思うか」と質問したところ、王氏は吐き捨てるように「中国人的敗類《はいるい》」と言ったのです。「敗類」とは「集団のなかの裏切り者、堕落した者、人間のクズ」という意味です。つまりは「中国人のクズ」、昔の日本の言葉で言えば「非国民」のような感じでしょう。

日本の護衛艦を前に敬礼する飛鳥さん

なぜ日本が好きな人々がクズ呼ばわりされたかというと、第一章で詳しく述べるのですが、戦時中の日本軍の軍服を着て記念写真を撮り、ネットに公開する、そういう一部の中国人の行為が問題化したためです。
本書の取材に応じてくれた「精日」の人々は、「彼らの行為は精日とは無関係だ」と批判していましたが、日本メディアは「精日＝日本の軍服を着た親日派の若者」という中国当局やメディアのレッテル貼りを鵜呑《うの》みにしました。しかし本書を読めば、それが大きな間違いであることが分かります。

私は一九八四年に東京大学に入学し、第二外国語として中国語を選びました。教養学部（駒場）で中国語を教わったのは、北京《ペキン》語言学院（現・北京語言大学）の李継禹《りけいう》先生でした。朗読のプロフェッショナルで、NHKのラジオ講座にも出演したほどに美しい中国語を話す李先生は、熱心に中国語を教えてくれました。正月には自宅に呼んでくださり、手作りの餃子《ぎょうざ》をごちそうになりました。私が初めて北京に短期留学した一九八七年には、帰国していた李先生のお宅を訪れたところ、やはり手作りの料理を振る舞ってくれました。

一九八六年に本郷の文学部に進学してからは、天津《てんしん》の南開《なんかい》大学から来日した張学植《ちょうがくしょく》先生から中国語を習いました。あるとき教室に行くと自分以外の学生は誰も来ておらず、張先生が一人、待っていました。結局この日は九〇分間、ヒヤヒヤしながら張先生とマンツーマンの授業を受けましたが、張先生は嫌な顔一つせず、ニコニコしながら丁寧に教えてくれたのを覚えています。張先生が帰国後の一九八九年、大学の同級生と天津のご自宅を訪問し、そのときも先生が熱心に市内を案内してくれました。

この二人の恩師に象徴されるように、当時の日中関係は極めて良好でした。内閣府の「外交に関する世論調査」によれば、中国に対して「親しみを感じる」「どちらかというと親しみを感じる」と答えた日本人は一九八〇（昭和五五）年には七八・六パーセントにも達していました。

当時は日本でも「シルクロード」や「大地の子」などのドキュメンタリーやドラマがテレビで放映されていました。特に後者では、第二次世界大戦時における中国残留孤児を我が子のように育ててくれた中国人の恩愛に対し、多くの日本人が感謝の気持ちを抱きました。

一方の中国でも、一九七九年の改革開放以降、日本の映画やドラマが紹介され、高倉健《たかくらけん》や山口百恵《やまぐちももえ》が一躍、中国でもスターとなり、アニメ「一休《いっきゅう》さん」「ドラえもん」などが子供たちの心をつかんだことは、よく知られています。

ところが、こうした蜜月《みつげつ》時代は、国際情勢の変化を受けてあっけなく終わりました。一九八九年の天安門事件やソ連や東欧共産主義諸国の崩壊により、中国共産党は執政の正統性を問われる深刻な危機に直面します。そこで、こうした事件のあとに共産党総書記になった江《こう》沢民《たくみん》は、愛国主義と呼ばれるナショナリズムの鼓吹《こすい》によって、政権の基盤強化を進めました。そのときに持ち出されたのが抗日戦争、つまり日中戦争でした。中国人民を抗日戦争において勝利へと導いたのが共産党だったという「物語」を作り上げたのです。

一九九七年、「日中友好は何代にもわたって続けていかなければならない」との遺訓を残し、鄧小平《とうしょうへい》が世を去りました。しかし続く九八年、江沢民が訪日し、天皇陛下が招待した晩餐会《ばんさんかい》で歴史批判を繰り返し、その後の日中関係悪化のきっかけを作りました。

本来であれば、戦争責任は当事者のあいだで解決すべき問題でした。日本の侵略がけしからんというのであれば、毛沢東《もうたくとう》や周恩来《しゅうおんらい》がノーと言うべきであり、中国共産党はまず、過去の指導者の過ちを問題にすべきでしょう。

毛沢東が「日本の侵略のおかげで共産党が政権を取れた」と言ったとされる有名な逸話《いつわ》がありますが、その是非については論じません。ただ、一九七二年に日中国交正常化が実現し、中国は日本への賠償を放棄、日本はいわばその見返りとして中国の経済建設に協力し、大量の経済・技術援助を提供しました。が、中国のメディアでは、つい最近まで紹介されることがありませんでした。

この問題について、私は以前、中国メディアの取材に対し、「我々戦後世代は民主、平和の社会で育ち、先の戦争に対する行為責任はまったくない、ただ、歴史を記憶する責任はある」と指摘したことがあります。反論を予想しましたが、中国側からは、むしろ正しいことを言ってくれたと評価されました。こうした中国向けの発信の重要性については後ほど述べたいと思います。

いずれにせよ、こうした両国関係の冷え込みによって、前述の「外交に関する世論調査」

では、二〇一四（平成二六）年に中国に「親しみを感じる」「どちらかというと親しみを感じる」とする日本人は一四・八パーセントまで落ち込みました（二〇一七年は一八・七パーセント）。

最近になって、日中関係はやや改善傾向にあるようです。ただ著名な日本・中国問題研究者のエズラ・ボーゲル氏は、朝日新聞のインタビュー（二〇一八年四月）で、冷え切った日中関係が好転する可能性があるかとの質問に対し、「中国が『反日』というカードを捨てるとは思いません。中国国民を一致団結させるのに非常に有効だからです」と指摘しています。

ですが、中国語には「物極まれば必ず反《かえ》す」という言葉があるように、従来の行き過ぎた「作られた反日」が、転換点を迎えています。現実の日本はそうではないと、多くの人が気づき始めたからです。特に訪日旅行者の爆発的増加に伴い、日本へ何度も旅行し、日本文化や社会の現実を体験した中国人は、政府やメディアのプロパガンダを受け入れなくなっています。

こうした状況のもと、「精日」とは中国共産党の愛国ナショナリズムというプロパガンダへの「NO!」を表明する人たちであり、中国政府との距離感の変化を見せる新しい中国人のことを指すのです。

本書を執筆するに当たり、私は日本や中国で、冒頭の飛鳥さんら十数人の中国人（一部は日本国籍を取得した人も含む）から聞き取りを行い、「精日」をカミングアウトした人にも多数会うことができました。なかでも強く印象に残ったのは、「私の精神の祖国は日本です」と語った中国人女性です。

上海《シャンハイ》に生まれ、名門の復旦《ふくたん》大学を卒業した「八〇後」の陳《ちん》さん（仮名）、ネットでは「Ｋｙｏｄｏ醤《チャン》」と名乗っています。「醤」の中国語の読みは「jiang」、つまり日本語の「ちゃん」で、多くの中国人女性がネットで使っています。

彼女を、二〇一八年五月、「草津温泉に行ってみたい」と言うので案内しましたが、到着するやいなや外湯を四〜五ヵ所自分で回り、有名な露天風呂など含め、二日間でほぼすべての外湯を制覇しました。二〇一三年に初来日したのがきっかけで、それ以降は年二回、多いときで三回、仕事でお金をためては、日本観光を楽しんでいます。

彼女は「最初の旅行は短かったけれど、様々なことを実際に体験し、当時も中国が宣伝する日本が真実の日本ではないと知っていたが、それでも大きなショックを受けた」と語っています。中国当局やメディアの作り上げた日本のイメージがあまりに現実離れした歪《ゆが》んだものであるため、真実を知ると愕然《がくぜん》とし、日本への反感が一気に好感に変わるという劇的な変化が起きているようです。

さらには、より日本社会に溶け込んで日本国籍を取るなど、「真日」ともいえる（元）中国人もいます。ネットで日本の社会や歴史についてコラムを発表している、「小木犀花《しょうぼくさいか》」さん（女性、ペンネーム）は中国江蘇《こうそ》省出身。二〇年ほど前に日本に留学し、現在は弁護士事務所で働きながら、日本人と結婚して三人の子供を育てています。

「自分は『日本人』そのものだと思っています。もちろん日本生まれ日本育ちの日本人とは異なりますが、しかし、社会生活において周りとは違う人間だという認識はありません」

そう語る彼女は、仕事や家事、あるいは育児のあいまにコラムを書き続ける理由について、中国の人々に本当の日本を知ってもらいたい、そのために微力ながらできるだけのことをしたい、と語っています。なぜ彼女がこのような思いを抱いたかについては、後に詳しく紹介します。

本書には、彼女たちのような「精日」が登場しますが、その多くが実名を名乗れません。それが中国社会の現状です。自分が「精日」さらには「親日」として本で紹介されると、本人や中国に残した家族に迷惑がかかってしまうというのが理由です。今後、中国が堂々と「私は日本が好きです」と言えるような国になってほしいと思います。

この本では、「精日」という言葉を手がかりに、昨今の中国の対日意識の変化を考え、併せて、我々日本人がこれからどう中国と向かい合うべきか、私見を述べてみたいと思います。

私は大学時代から中国社会や文化を見続けたいと考えていたので、記者の仕事を選びました。共同通信に入社後は北京に留学する機会を得て、中国語を本格的に鍛え、帰国後、二〇〇一年に日本のメディアでは初の中国語ニュースサイト「共同網《きょうどうもう》」を立ち上げました。

では、なぜ中国語によるニュースサイトを立ち上げたのか？　それは今回のテーマとも大きな関係があります。

一九九九年、台湾に取材で行ったとき、多くの日本文化を紹介する書籍が台北《タイペイ》市内の書店に並んでいたのに驚きました。また現地の旅行業者に取材し、日本旅行がブームになりつつあることを知って、日本から中国語圏に向けて情報を発信する必要性を強く感じました。

特に中国では、「日本情報網」などと称して、一部の在日華人や華字メディアによる出処も怪しい、いわば「フェイクニュース」や、著作権を無視して芸能情報を掲載したサイトが出現していました。「日本は世界一の売春婦輸出国」といったデマが、あたかも真実であるかのように中国国内のサイトに転載されているのを知って、日本メディアによる正確なニュースを中国語で提供し、こうした「毒」を取り除かなければならないとの思いを強くしました。

幸い、自分の提案したこの新規事業が会社から認められ、二〇〇一年二月に「共同網」としてスタートしました。当初は「いつまで続くかね」などと冷ややかなことも言われたのですが、あるとき北京から戻った同僚に、「中国外務省の日本担当者も『共同網』を見ている」と言われました。また中国国内のメディアも、「共同網」の記事を引用することが増えてきました。

「共同網」が始まった当時は、小泉純一郎《こいずみじゅんいちろう》首相の靖国《やすくに》神社参拝などを巡り日中関係が悪化し、立て続けに反日デモが発生していました。ですが皮肉なことに、「共同網」は、両国関係が悪化すればするほど、中国の学者、政府、メディアにおけるニーズが増していったようです。というのも、日本側が何を考えているのかを知るためのチャンネルとなったからです。

こうして、当初は試験的な事業という扱いでしたが、スタートから四年後の二〇〇五年には、日本語と英語に次ぐ共同通信社の第三の発信言語として正式に認められ、今日に至っています。また現在では、日本経済新聞や朝日新聞も中国語サイトを立ち上げており、日本からの中国語ニュース発信が、今後もますます活発になっていくでしょう。

そんななか、言論ＮＰＯという組織が二〇一八年一〇月に発表した日中両国の世論調査では、日本に良い印象を持つ中国人が四二・二％と、前年の三一・五％から一〇・七ポイントも改善したそうです。訪日旅行客の増加により、実際の日本を体験する人が増えていることが要因でしょう。

ただ、最近の日中関係改善の動きは中国側から提起された面が強く、その理由にあるのは、米中貿易摩擦に代表される中国の対外関係の悪化だと考えています。風向きが変われば、また反日キャンペーンを繰り返す可能性も否定できません。

ですが、本書で紹介する「精日」に象徴されるような新たな中国人が、こうした「逆流」に歯止めを掛けることもできるはずです。そのためにも、日本は彼ら新しい中国人をどんどん積極的に支援していくべきなのです。

古畑康雄《ふるはたやすお》

二〇一九年一月

目次◉　精日　加速度的に日本化する中国人の群像

## 第三章　「精日」の百人百様

# 第一章　「精日」の時代背景

## 日本文化の影響を受けた世代とは

本著で取り上げていく「精神日本人（精日）」という言葉は、どのようにして生まれたのでしょうか、それをまず考えてみたいと思います。

「精神日本人」とは、そもそもは温和、礼節、清潔、秩序、勤勉、協調、謙虚といった、日本人の優れた特性やライフスタイルを尊重し、学び、自分の生活に取り入れていこうとする中国人のことです。

この言葉の意味を考える前に、まず、中国において日本文化がどのように受け入れられてきたのかを、簡単に紹介したいと思います。

一九七二年の日中国交正常化後、特に文化大革命（一九六六～七六年）が終わり、改革開放政策が始まった中国に、日本の映画、ドラマ、アニメなどの大衆文化が次々と紹介されました。現在は三〇歳代の「八〇後」や「九〇後」などは、このような日本文化の影響を強く受けて育ちました。

こうした八〇後の中国の著名な作家で、友人の賈葭《かか》さんに二〇一八年春に会ったとき、「精日」について質問しました。すると日本への親近感が高い世代やグループについて、次のように述べてくれました。

賈葭さん

「三年間のマルチビザが開放されたあと、三〇歳以上の（八〇後の）中産階級の多くが日本に旅行に来るようになり、彼らは突然、日本が想像していたよりも素晴らしいと知り、その後、頻繁《ひんぱん》に日本に来て、買い物や旅行を楽しむようになりました。自分もその一人です。

自分が初めて日本に来たのは二〇一四年、日本のある基金の招待で来たのですが、そのあと周りの友人に日本に行くよう勧めたところ、彼らも日本で家を買ったり、民泊施設などに投資をしたりするようになりました。それが第一のグループで、北京、上海、広州など一線都市の中産階級であり、世界貿易機関（ＷＴＯ）への加盟やグローバル化の恩恵を受けた人々。富裕層とまでは言い切れませんが、ある程度は余裕のある人々です」

さらに、別の集団もいるそうです。

「そして第二のグループ……彼らは九〇後や〇〇後（二〇〇〇年以降生まれ）ですが、子供の頃から日本のアニメを観て、「二次元」の世界で育ちました。『航海王（ワンピース）』『灌籃高手《かんらんこうしゅ》（スラムダンク）』などが特に好きで、コスプレなどのサブカルチャーも楽しみました。彼らは若年なので日本に来たことがある人は少ないのですが、日本文化への知識は非常に多いです。

彼らの多くは、アニメを観たり、日本のオンラインゲームに参加したりするため、中学から日本語を学んでいます。彼らは日本に何の反感もありません。日本文化の輸出が彼らを征服したと言えるでしょう」

アニメやドラマをきっかけにして日本文化に親しみを持ち、さらに日本への旅行を通じて、現実の日本を知る――こうした良好な流れが起きたのは、ここ数年のことです。

## 反日デモ収束と訪日旅行者の関係

それ以前の日中関係は、ご存知の通り、決して良好ではありませんでした。二〇〇四年には、北京で行われたサッカーのアジアカップ決勝で、日本に負けた中国のサポーターが反日暴動を起こします。

二〇〇五年には日本の国連安保理常任理事国入りに反対する大規模な反日デモ、一〇年には尖閣諸島《せんかくしょとう》（中国語名は釣魚諸島《ちょうぎょしょとう》）での中国漁船による日本の海上保安庁巡視船への衝突事件に端を発した大規模な抗議デモ、そして一二年には尖閣諸島の国有化に対する全国規模の抗議デモが発生しました。そのたびに、日本企業、大使館、領事館などが投石、放火、略奪に遭いましたが、日中関係の悪化を決定づける事件として鮮明に記憶に残っています。

ですが先の賈葭さんは、次のように語っているのです。

「振り返ってみると、最後に反日デモが起きたのは二〇一二年九月でした。その後、中国ではいかなる反日デモも起きていません。あれから六年も経ちました。相当、長い時間です。二〇一二年以前は、反日デモは頻繁に起きていましたが、その後まったく起きていないのです」

では、なぜ反日デモが収束したのかというと、賈葭さんが指摘するように、やはり訪日旅行者が、その後、爆発的に増加した影響が大きいと考えます。

私は二〇〇七年、「中国九一八愛国網」という反日団体のリーダーを北京で取材したことがあります。彼は日本に来たことがなく、いわば自分の頭のなかで作り上げた日本に反感を抱いていました。もし日本に一度でも来ていたら、印象は大きく変わったことでしょう。

実際、私の知人の中国人ジャーナリスト、張石《ちょうせき》さんも、以下のように指摘しています。

「以前は本、映画、ドラマなどを通じてしか、日本を知ることができなかった。だが、ここ数年の訪日旅行者の増加により、多くの中国人が直接日本を体験できるようになりました。最初は爆買いでしたが、徐々に日本での様々な『体験』を楽しむようになりました。中国はGDPで日本を上回ったとはいっても、製品の技術やライフスタイル、生活の質は、日本のほうがはるかに高い。しかも欧米に比べ、距離も近く、文化も似ており、中国人にとって日本的なライフスタイルは抵抗感なく受け入れやすいのです」

## 若者が旧日本軍の軍服を着る事件

ですが中国政府やメディアは、いまだに日本を過去の「侵略者」という目で見ようとし、その見方を国民にも押し付け、戦争の影を無理やり引きずり出そうとしています。最近話題になった、現実にはありえないスーパーヒーローが日本軍をバタバタと倒していく「抗日神劇」だけでなく、幼児のうちから日本軍を倒すお遊戯を幼稚園でやらせて、愛国教育と称しています。

良いようで悪い、悪いようで良い最近の日中関係……こうした状況を象徴しているのが、「精日」という言葉がどう扱われているかという問題です。

中国の大手検索サイト、百度《バイドゥ》では、「精神日本人」について次のような説明が書かれています。

〈「精日」とは「精神日本人」の略称であり、極端に日本軍国主義を崇拝《すうはい》し、自らの民族を恨み、精神的に軍国主義の日本人と自らを同一視する非日本国籍の人々を指す。その特徴的な行動としては、第二次世界大戦時の日本軍の軍服を熱愛し、日本軍の侵略を記念する遺跡で写真を撮影し、抗日の英雄を侮辱するなどがある。このような人々は中国や韓国などに分布し、知識レベルの低い若者が主体であり、「日雑（日本雑種）」とも呼ばれる。「精日」は日本軍国主義に熱狂するという明らかな特徴があり、他国への興味を自分の国家や民族に対する侮辱や冒瀆《ぼうとく》の上に築いている〉

上海の四行倉庫前の「軍服マニア」

そして前述の通り、王毅外相も二〇一八年三月の記者会見で、精日について「中国人のクズ」と発言していますし、四月二七日には中国の全国人民代表大会（全人代）常務委員会が、「中華人民共和国英雄烈士保護法」を可決し、「英雄烈士の業績や精神を冒瀆、否定し、侵略戦争を美化、宣伝する行為などは、公安機関により法に従って処罰され、犯罪を構成する場合は刑事責任を追及する」と、いわゆる「精日」をターゲットにした法律ができたことを紹介しています。

このような法律ができた直接のきっかけは、上記の説明にもあるように、一部の中国人の若者が旧日本軍の軍服を着て日中戦争の遺跡で記念写真を撮影し、ネットで流布《るふ》したことです。たとえばこの百度では、「典型的事件」として、次のような事例を紹介しています。事件がどのようなものだったかは、中国メディアの報道などを参考にしました。

〈四行倉庫《しこうそうこ》事件〉

二〇一七年八月、四人の中国人の若者が第二次世界大戦当時の日本軍の軍服姿で、上海の有名な抗日戦争遺跡、四行倉庫で記念写真を撮影し、この写真が中国のQQ（SNS）で公開された（二七ページの写真を参照）。すると中国世論の反発を招き、上海市公安局は、事件に関わった五人の若者に行政拘留《こうりゅう》などの処分を下した。

事件の舞台となった四行倉庫は一九三七年の第二次上海事変（中国での名称は「淞滬《しょうこ》会戦」）の舞台となり、一九八五年に「四行倉庫抗日記念地」として抗日戦争遺跡に指定された。

五人の「軍服マニア」の若者は八月一日上海に集まり、三日の晩、日本軍の軍服を着た四人が四行倉庫の前で記念撮影をし、数日後、そのうち一人がQQに文字と写真を発表した。

**南京・紫金山のトーチカ前の「軍服マニア」**

「人目を盗んでの撮影だった」とし、「戦争末期に上海事変に参戦した将校たちが、かつての激戦地を再び訪れた」との設定で、四人はそれぞれ「帝国海軍防暑衣」「帝国海軍第二種軍服」「帝国海軍第三種軍服（陸戦隊襟章《えりしょう》）」「帝国海軍第三種軍服（海軍襟章）」を着用していた。

　この写真が数日後、新浪微博《シンランウェイボー》に転載されると大きな反響を呼び、上海市公安局は八日、事件について調査を開始、五人はその後、自ら出頭した。公安局は「社会に劣悪な影響を及ぼした」として、五人のうち四人を行政拘留し、未成年の一人に教育訓戒の処分を下した。

〈南京《ナンキン》紫金山《しきんざん》トーチカ撮影事件〉

　二〇一八年二月、二人の男性が日本軍の軍服を着て、江蘇省南京市の紫金山にある抗日守備軍トーチカの前で記念撮影を行った。このことが微博《ウェイボー》で明らかになると、ネットで批判の声が高まり、二二日、四川省と南京市に住むこの二人が逮捕され、行政拘留処分を受けた。

〈南京大虐殺記念館事件〉

二〇一八年三月四日、孟《もう》という男性が南京大虐殺記念館内で撮影した動画がネットに広まった。この三四歳の上海市の男性は、「南京で殺されたのは三〇万人とは少な過ぎ」「侮辱したからどうだっていうのだ」「たったの三〇万人か」などと発言。上海市公安局は捜査を開始、三月八日、この男性を八日間の行政拘留処分とした。

### 中国や韓国にいる「日雑」とは

さらに「精日」の解釈に大きな影響を与えたとされるのが、共青団（共産主義青年団）が微博で発表した以下のような見解でした。

共青団は「日本の漫画アニメが好きなのも『精日』？　もちろん違う」として「『精日』つまり『精神日本人』とは、日本軍国主義を崇拝《すうはい》し自民族に恨みを抱く、精神的に軍国主義の日本人と同一視する非日本国籍の人々だ。彼らは第二次世界大戦の日本軍服に陶酔し、日本軍の侵略遺跡で記念写真を撮り、抗日戦争の英雄を誹謗《ひぼう》する。彼らは主に中国や韓国に存在し、低知識階層の若者が中心で、『日雑』とも呼ばれる」としたあとに、次のように説明しています。

〈日本の漫画を見たり、日本料理を食べたり、優秀な日本文化を愛好する行為を、なぜ「精日」と言われるのかと聞く人がいる。共青団は、これはまったく違う！　とはっきり言おう。これは「精日」をまったく取り違えた考えだ。

日本の漫画を見たり、日本料理を食べたりするのは個人の合法的な権利で、正常な現象だ。「精日」は熱狂的な日本軍国主義の特徴を持ち、他国への興味を自分の国家や民族への冒瀆や侮辱の上に築いている。これは「興味」や「愛好」の範囲を遥かに超えている。

外国の優秀な文化を楽しむのは、自国を熱愛することを妨げるものではない。外国文化への興味や愛好を、国家や民族を侮辱する口実にしてはならない、ましてや人々の最低ライン（我慢の限界）に挑戦し、（そうした行為の）面目を取り繕《つくろ》う隠れ蓑《みの》にすることは許されない〉

このように見ると、「精日」とは旧日本軍の軍服を着て軍国主義を賛美する、歪《ゆが》んだ思想を持った連中と思われるかもしれません。ですが、私が会った多くの「精神日本人」を自称する中国人は、決してこのような行為に賛成しているわけではなく、むしろ日本文化を熱愛し、日本社会のマナーを尊重する、ごく普通の人たちです。なぜ「精日」がこのようなネガティブな意味になったのか、調べるうちに興味深い文章を見つけました。

## 精神的に自己を日本人と同一視

新浪微博の「楚襄《そじょう》ing」というユーザー（歴史作家を名乗っている）は、二〇一八年五月一五日に、次のように投稿しています（なお、上記の「精日」事件について、中国で取材したある知人からは、実は当局による自作自演の可能性もあるという指摘を受けましたが、その件については後ほど紹介したいと思います）。

〈著名なIT企業経営者の「私は精日ではない。たとえそうだったとしても大した事ではない」という発言を、北京日報（中国共産党北京市党委員会機関紙）が次のように批判した。「精日でも大した事ではないとは、あまりにデタラメだ！　精日とは『精神日本人』の略称であり、彼らの日本を崇拝する思いが、中国人民を恨み、中華民族を恨み、さらには中国人であることを恥ずかしく思わせるのだ。彼らは日本を『理想の国』とみなし、さらには日本軍国主義の数々の犯罪の汚名を取り除くのに懸命だ」

ここで説明が必要だ。「精日」という言葉は、もともとはこのような意味ではなかった。

「精日」つまり「精神日本人」はネット用語であり、日本人にはなれないが、精神的には自己を日本人と同一視している中国人のことだった。

最近に発生した一連の事件のあと、当局の定義が形成され、北京日報が言うような人々となった。「精日」の概念は当局によって決められ、「精神的に日本軍国主義に賛同する日本国籍ではない人々」とされてしまった。だがこのような人々はより正確には「精神日寇（＝日本侵略者）」と言うべきだ（傍線は筆者、以下同じ）。

もともとの意味から言うと、「精神日本人」という言葉は「軍国主義者」を指していたわけではない。たとえば五岳散人《ごがくさんじん》（筆者注：著名なブロガー）は日本文化が好きで、京都に暮らしており、彼を「精日」と呼ぶ人もいる。だが、これは当局の言うような意味ではない。

ＩＴ企業経営者のもともとの発言は、「私は『精日』ではない。たとえそうだったとしても大した事ではない（しょせん人間は精神的にはどの国の人になっても良いのだ）、だが自分はそうではない。私は日本文化が非常に好きなだけだ」というものだった。

彼が言う「精日」とは北京日報の「精日」とは異なる。だが当局はこのネット用語の解釈を独占してしまい、もはや解釈を変えることはできない。「精神日本人」が当初持っていた意味は「精神日寇」へと変わってしまった。

「精神ドイツ人」イコール「精神ナチス」ではないし、「精神中国人」イコール「精神義和

団」ではない。現在いわゆる「精神日本人」を「精神日寇」と同一視するのは、不適切と言わざるを得ない〉

## 二〇～三〇代に集中する「精日」

そして、この「楚襄ing」は、百度に掲載された「精神日本人」という言葉の解釈がどのように変化したかを説明しています。二〇一四年にこの言葉が初めて登場したときは、前述したような「日本軍国主義愛好者」の意味ではなかったとして、当初のバージョンの画像(現在は残っていない)を貼り付けています。文字がやや不鮮明だったのですが、拡大して読んでみたところ、次のように書かれていました。

〈精神日本人、略称精日には、マイナスの意味はない。現実の生活では国籍や移民政策の影響で日本人になることはできないが、日本人と同一視している人々のこと。精美(精神米国人)などの言葉もある。

精日とは精神日本人の略称であり、中国の一〇〇〇万もの哈日族《ハーリー》から抜け出した優秀な人々のこと。努力によってなれるものではなく、生来の資質が精日になれるかどうかを決定する。皮肉なことに、精日族と哈日族はつながりがあるが、多くの場合、前者は低レベルの哈日族を軽蔑し距離を置いている。精日と哈日は一字違いだが、天地ほどの差がある。両者の最大の違いは、精日は自分は心のなかで日本国民だと思っており、日本への感情は娯楽、映画、ドラマ、ゲームなど哈日族の（が愛好する）範疇《はんちゅう》をはるかに超えており、思想や価値観の上でのグレードアップや生活態度の変化といえるだろう〉

さらに「精日」の特徴として、次のように書かれています。

〈現在、精日は二〇代から三〇代に集中している。良好な高等教育を受け、日本留学からの帰国者も多い。精日のイメージは男女を問わず、人々が考えるオタクや腐女子とは異なり、彼らはおしゃれで個性があり、「非常に日本人に似ている」感覚がある。これは意外なことではなく、日本のファッション文化や服飾ブランドを精日は重視し、日本国民と歩調を合わせるうえでの重要なよりどころとするからだ。

ファッションの他にも、精日の言行は明らかな特徴がある。彼らは日本社会の行動規範によって自らを律し、たとえば顔文字をしばしば使ったり、家では畳の上で寝たり、赤信号では道路を渡らない。生活態度や価値観の面で、精日は、外国人の立場から日本はこんなにも素晴らしい、自国はこんなにも良くない（これは初級の哈日がよくやることだ）などとは決して言わない。だが黙々とした努力により現状を変え、周囲の環境をできるだけ日本本土に近づけようとする。たとえば、精日は北京の亮馬橋《りょうばきょう》や新源里《しんげんり》地区など、日本人が多く集まる地区に家を借りる。晴れた日に外出を楽しむのではなく、精日は長雨が続くなかで日本の梅雨の季節を連想することを好む。精日はタクシーの料金が上がるのに文句を言わない、なぜなら彼らは「東京でタクシーに乗っているのだ」と自らを慰めるからだ〉

## 「精日」と「哈日」の違いとは何か

「オタクや腐女子ではなく、おしゃれで個性がある」「外国人としてではなく、黙々とした努力で周りの環境を日本に近づけるよう努力する」――非常に面白い説明です。このなかでは「精日」は「哈日」ではないとしばしば書かれていますが、哈日についてもちょっと説明が必要でしょう。

哈日とはもともとは一九九〇年代後半に台湾で生まれた言葉で、訳せば「日本大好き」や「日本中毒」とでもなるでしょう。この言葉を発明し「哈日族の教祖」と言われているのが、『我得了哈日症（私は哈日病になりました）』『我要去東京（東京に行きたい）』など数々の著作のある台湾のエッセイスト、漫画家の哈日杏子《ハーリーきょうこ》さんです。実は私は、一九九九年末に台湾に取材に行った際、この哈日杏子さんの著作に出会い、日本のメディアでは初めて彼

**哈日杏子さん（右）と著者（2000年に撮影）**

女を紹介しました。
哈日とは、当時台湾で放送されていた日本のドラマやJポップを通じて日本を知り、日本が好きになった若者で、私は彼女を紹介した記事のなかで、このように書いています。

〈「哈日」とは台湾語で「日本大好き」という意味。ファッション、アイドル、アニメといった日本の最新の流行を熱心に追いかける若者たちだ。台北《タイペイ》の繁華街、西門町《せいもんちょう》にはキティちゃんやポケモンなどのキャラクター商品を並べた店が軒を連《つら》ね、哈日族の女の子たちが「かわいい！」と歓声を上げている。中には原宿や東京ディズニーランドを訪れ、下北《しもきた》沢《ざわ》に古着ショッピングに来る人も増えている。「哈日」という流行語は彼女の一冊の本から生まれた。

杏子さんは一九七〇年代初め、台北市に生まれた。少女時代に、台湾の民主化が進み、日本の歌謡曲やテレビ番組の解禁が進んだ。松田聖子《まつだせいこ》に夢中だった杏子さんを、同級生は日本人をののしる言葉である「小日本鬼子《シャオリーベングイズ》」とからかったが、「怒るどころかむしろ得意になった」と言う〉

台湾への取材のきっかけとなったのは、当時、台湾から日本への観光旅行が増えているというラジオの現地レポートでした。戦争などの歴史問題があるゆえに、台湾に行くまでは、アジアから日本に行きたいなどという人は少ないだろうと考えていました。ところが台北市内の書店には日本関係の旅行ガイドブックが並び、西門町では、人気のあった浜崎《はまさき》あゆみの大きな懸垂幕がビル全体にかかっていました。正直、日本にこれほど人気があるとはまったく予想していませんでした。

## 台湾と中国で起きた同様の現象

哈日はその後、中国にも伝わりました。前述の百度の説明にも「精日と哈日は一字違いだが、天地ほどの差がある。両者の最大の違いは、精日は自分は心のなかで日本国民だと思っており、日本への感情は娯楽、映画、ドラマ、ゲームなど哈日族の（が愛好する）範疇《はんちゅう》をはるかに超えており」とあるように、「哈日」よりも深い思いを日本に抱いている人々が「精日」と言えるでしょう。

私はこの「精神日本人」のルーツも、実は台湾とつながりがあるのではないかと考えています。

台湾には以前から「日本精神」という言葉があります。この言葉を有名にしたのが、二〇一七年に亡くなった台湾の実業家、蔡焜燦《さいこんさん》氏が二〇〇〇年に出版した『台湾人と日本精神日本人よ胸を張りなさい』（日本教文社）という本です。このなかで「かつて半世紀もの間、歴史を共有してきた台湾で、いまだ『日本精神《リップンチエンシン》』が勤勉で正直、そして約束を守るというもろもろの善いことを表現する言葉として使われている」と記されているように、「日本精神」は半世紀の日本統治が残した日本文化の美徳として、いまでも高い評価を得ているようです。

私は二〇〇〇年末にも台湾を訪問し、この「日本精神」を受け継いでいる許國雄《きょこくゆう》さんという日本語世代の老人を取材しました。日本統治時代の一九二二年に高雄《たかお》で生まれ、九州の医科大学を卒業、戦後は二・二八事件（国民党による台湾人への弾圧）で家族を失うなどの苦労をしながら、国会議員として要職を歴任し、米台の外交などで大きな役割を果たしました。さらに高雄市近郊にある「東方工商専門学校」を創立するなど、政治家や教育者として活躍し、日台間の友好を進めた素晴らしい方でした。

初対面の私を許さんは熱烈歓迎してくれ、流暢《りゅうちょう》な日本語で「日本が台湾に残してくれた多くの遺産を次の世代に伝えないといけない」と語りました。許さんは残念なことに、その二年後に亡くなりましたが、日本への熱い想いをいまだに覚えています。

許さんを紹介する記事を書いたのは、二〇〇〇年末のことでしたが、そのなかで私は、当時、日本で作家として活動していた台湾生まれの謝雅梅《しゃがばい》さんという女性を取材しています。彼女は次のように語っていました。

「子供のころは反日教育も盛んだったが、家では両親が日本語を話し、私は『キャンディ・キャンディ』などの日本アニメが好きだった。李登輝《りとうき》前総統の民主政策のもとで、親日感情が表に出せるようになった」「親日は日本に媚《こ》びているのではなく、台湾を愛する気持ちとともにある。哈日族はまだ表面的な流行を追い掛けているだけだが、日本と台湾が理解し合い、親しみを抱くきっかけになるでしょう」

反日教育を受けながらも、日本のアニメがきっかけとなって日本好きになる——まったく同じような状況が、一九八〇～九〇年代の台湾と、二〇〇〇～一〇年代の中国で起きていたわけです。

ここまで台湾の「日本精神」について書いてきましたが、中国共産党政権がなぜ「精神日本人」という言葉を忌《い》み嫌い、「中国人のクズ」といった汚名を着せるようになったのかが、分かるかと思います。

つまり、「日本精神」とも通ずる日本的価値観への支持が、中国共産党の愛国イデオロギーや自らの統治を正当化する歴史観への否定につながるからなのです。

愛国イデオロギーの大きな柱は「抗日」、もっとはっきり言えば「反日」です。最近、日本でも話題になりましたが、粗製乱造される抗日戦争ドラマは日本への敵意を高め、その日本を打ち破ったとされる中国共産党への支持を得ることを目的としています。このドラマの問題については、第三章で「精日」の若者に語ってもらいます。

「精神日本人」を肯定することは、共産党政権への否定的な見方を広げることになりかねません。このため、本来であれば決して悪い意味ではなかった「精日」を、たまたま一部の過激な若者が行った軍服事件を利用して、マイナスイメージを持つ言葉に変えた。その過程ではメディアを挙げてのバッシングを行い、その解釈を無理やりに変えていった。そうした事実が分かります。

ただ、台湾には前述した許さんのような日本精神を持った「日本語世代」というバックボーンがあるのに対し、中国の場合は日本に対するネガティブなイメージが強い。そうしたなかでも「精神日本人」のような人々が出現していることについては、我々日本人も気づかないような、日本文化のパワーを感じます。

## 王毅外相のクズ発言に対し民衆は

「精神日本人」を巡るこうした中国政府の一方的な解釈については、民間でも反論が起きています。ここで、この問題についてネットに掲載された文章を紹介したいと思います。

注目すべきは、こうした声が、反中国のプロパガンダではなく、中国人自らのなかから出ていることです。その一つが、「私は『精日』だが『人間のクズ』ではない」という二〇一八年三月一一日に発表された文章です。「人間のクズ」は、王毅外相の「中国人のクズ」発言を指しています。

〈最近「精日」という言葉が非常に話題になっている。そして「精日」分子はいずれも「人間のクズ」と言う人がいる。

だが、「精日」という言葉は一体どのような意味なのか。百度百科によれば、「精日」とは「精神日本人」の略称で、精神的に自らを日本人と同一視している人々だ。

百度の解釈を見て、自分は驚いてしまった。なぜなら自分や友人もすでに「人間のクズ」にされてしまったからだ。

なぜか？　精神的に私は日本人の文化や行為に対し、高度に賛成し同感しているからだ。広く知られるように、日本人は国際的に「秩序やルールを守り」「資質が高い」「真面目」の代名詞である。だがこうした資質で、自分は日本人と同等だと考えているのに、なぜ「人間のクズ」になってしまうのだろうか？

日本文化を知る人は皆、米国の著名文化人類学者ルース・ベネディクトの古典『菊と刀』が、日本人の民族性を積極的かつ深く描写したのを知っている。

もし日本に行くことがあれば、日本人の特徴は、人に迷惑を掛けないことだと知るだろう。なぜならあなたが日本人を手助けしたとき、日本人は「ありがとう」ではなく「ご迷惑をお掛けしました」と答えるだろうからだ。

日本に行ったことがある人の日本への評価は、街がきれいで、通行人や電車の乗客はいずれも秩序を守り、仕事の面でも特に真面目で、道を聞けば丁寧に答えてくれる、そして「匠《たくみ》の精神」がある、といったものだ。

もちろんそれは日本人の資質の一面を述べたに過ぎず、日本人全体を代表していないことを私も分かっている。だが、すべての日本人が骨まで悪人ということではなく、日本人の資質からは、中国人も学ぶべきものがあるということを知るべきだ。

それゆえ「秩序」「清潔」「真面目」などの面で我々は日本人に賛同し、日本人から学ぶ、これも一種の「精日」だが、なぜこれを「人間のクズ」と呼ぶのだろうか？

日本人のすべてが悪人なのではなく、一部の人に過ぎない。それゆえ「精日」は一種の学習であり、（長所を）汲《く》み取ることだ。それゆえ「精日」と「人間のクズ」を分別なく同一視する人は、民族の対立や国の対立を煽動するものであり、下心を持った人間だ。

日本の想像力文化は世界でも最前列にあり、この面で我々が日本人からこうした資質を学ぶのは、「人間のクズ」ではなく、進歩である。

たとえば日本のアニメ文化に対し、私は高度に賛同する。そしてこの種の感覚は自分ひとりだけではないと信じている。

日本のアニメ「ドラえもん」を見て、ドラえもんが表現する想像力や創造力の文化を好まない人がいるだろうか。さらに「ドラゴンボール」は中国でも多くのファンがいるが、アニメの主人公の粘り強い精神に賛同しない人はいるだろうか。

さらに「名探偵コナン」「となりのトトロ」「ワンピース」「千《せん》と千尋《ちひろ》の神隠し」など優秀なアニメはいずれも日本製であり、多くのファンがいる。これらのアニメ文化を好きな人は「精日」なのだろうか。

もしこれも「精日」というのなら、いいだろう、私も「精日」の一員と認める。

これに対し、真の「精日」とは、当時の日本の犯罪に賛同し、侵略戦争の被害者の感情を考えない人だという人もいる。

だとするなら、こうした人をなぜ「精日」と呼ぶのだろうか。「精侵華日軍（＝中国を侵略した日本軍）」というのが正しいだろう。あらゆる現代の日本人は、当時の中国を侵略したのではないのだ。

日本文化や日本精神を好きな人にやたらと「精日」のレッテルを貼る、ならば日本のアニメが好きな中国の子供やオタクはどうやって生きたらいいのか、日本語を学ぶ学生はどうやって生きたらいいのか、中国の日本企業の中国人従業員はどうしたらいいのか。

それゆえ、「精日」を人間のクズというよりは、「精日」という言葉を発明した人こそ人間のクズと言うべきだ。なぜなら彼らは、民族間の矛盾や国家間の対立をあおり、民衆の注意力を逸《そ》らそうとする恥知らずだからだ〉

この文章の筆者に微信《ウェイシン》を通じて連絡を取ってみましたが、「自分は日本関係の専門家ではなく、微信を通じて自分の考え方を発表しているだけだ」「自分の文章を紹介するのは問題ないが、日中関係の敏感な問題に触れているので、できれば匿名《とくめい》にしてほしい、誤解を招きたくないので」とのことでした。

やはり、この「精日」問題が中国国内で非常に敏感なテーマになっているため、ナーバスにならざるをえないのでしょう。が、この人の主張は、まったくその通りだと思います。

## 「精日は非常に良い現象だ」

先の戦争については、中国国内でも、共産党の解釈する歴史観に対し様々な見方が出ています。ただ、戦争が侵略行為であったという事実は、日本政府も公式に認めています。問題は「精神日本人」の解釈を歪め、謙虚に日本の美点を学ぼうとする人々にまでネガティブなレッテルを貼ろうとするやり方です。

このように「精日」を「軍国主義者」呼ばわりすることについて、前述の賈葭さんは「日本に好感を持っている人々は、そのようなレッテル貼りをまったく気にしていない」とし、次のように語っています。


〈「精神日本人」とは自分の文明（中国語で「文明」とは礼節や道徳などの意味）に対する要求が高い中国人です。もし彼らの言動が、たとえば大声を出さない、道路を渡るときに信号を守る、もしくは人に会ったら丁寧にお辞儀をする、など礼儀正しければ、これらは日本人から学んでいると言えます。これは別に批判されるべきものではありません。「精日」という言葉は確かにこれらの人に汚名を着せるものですが、彼ら（精日）は気にしていません。というのも彼らは自分たちが信奉する価値観と（批判する人々の）あのような価値観がまったく別物だと考えているからです。中産階級や九〇後が成長すれば、文明的で世界的な価値観を持った人々になるでしょう。だから自分は「精日」は非常に良い現象だと思っています〉

また、中国外相の「中国人のクズ」発言については、以下のように指摘しています。

〈それはこのネット用語を理解していないのではないでしょうか。全体的に言えば、（精日は）何も問題ありません。ここ数日、池袋に来て、確かに中国人が多いと感じますが、彼らは赤信号で渡ったりしているでしょうか？　中国国内の環境とはまったく異なり、国外に来れば、（彼らも）自然と現地のルールを守るようになります。さもなければ周りからは変わり者と見られてしまう。これは非常に良い現象です〉

「精日」という言葉に、中国当局によってネガティブな意味が付与されたため、自分が「精日」であると公言するのは難しくなっているようです。ですが、こうした当局の解釈の押しつけについては、パロディ画像までが作られ、ネット上を賑《にぎ》わせています。

## 「精日」「親日」「知日」の違い

前述の共青団の解釈を見ると、日本のアニメや漫画を見るのは構わないが、軍国主義を礼《らい》賛《さん》し中国を侮辱するのは許されない、と言っています。しかし、次章のインタビューを読めば分かりますが、「精日」は決して日本の軍国主義を礼賛してはいません。日本からいいものを謙虚に学ぼうとしている、「いいものはいいと言ってなぜ悪いのか」と考えているだけなのです。軍服はあくまでマニアとしてのコスプレ趣味に過ぎません。

ただ、前述のように「精日」にネガティブな意味を持たされてしまったのであれば、これに代わる別の言葉はあるのでしょうか？　後述しますが、「親日」という言葉にも中国ではネガティブな意味があり、「親日」と呼ばれることを嫌がる人は多いのです。そのため、代わりによく使われるのが「知日」という言葉で、これには、客観的に日本を理解する、という意味があります。

私自身は、この「知日」でも十分ではないかと考えています。日本に来て、その社会を実際に体験することで、中国の教育や宣伝では知らされなかった日本の実像を知ることになり、結果、日本への親近感も自然と高まるからです。

前述のジャーナリスト、張石さんも、「知日」とは日本の精神や文化を理解するという立場であり、実際には日本に対して批判などしていないとして、「精日」と大差ないと指摘しています。

ですので、この本では、「精日」という言葉を、中国政府が定義した「日本軍の軍服を着た反中国の若者」という意味ではない、もともとの意味で使っていきたいと考えています。

## 共産党への反対を示すため軍服を

最後に、日本メディアも取り上げた日本軍の軍服を着て抗日戦争遺跡で写真を撮った行為は何なのか、という問題について。前述の賈葭さんは、私の「日本軍の軍服を着て写真を撮る若者をどう思いますか、彼らは処罰を受けていますが？」という問いに対し、次のように答えています。

「彼らが日本の軍服を着る理由は、日本の軍服が格好いいと思うからで、中国国内のネットショップには、日本の軍服もあれば、ドイツの軍服も米国の軍服も売っています。だから日本の軍服好きは米国の軍服好きと同じであって、区別はありません。たとえて言えば、彼らは日本の音楽、日本の文化が好きなのであり、これは彼らの個人的好みです。それをイデオロギーの問題とは考えていません。

それを外部の人間、たとえば共青団や周小平《しゅうしょうへい》（共産党を礼賛する御用作家）らは売国奴だなどと批判していますが、彼らのグループのなかでは何ら問題ないと思っています。米国の軍服を着るのと日本の軍服を着るのは同じようなもので、だったら米国の軍服を着ても捕まえず、なぜ日本の軍服だと捕まえるのか、このような法律の取り締まりは基準がないと考えています」

そこで私は、「では、南京などでわざと日本の軍服を着た人についてはどうですか？」と質問してみたところ、次のような答えが返ってきました。

「一種の極端な反発心理です。その本質は共産党に対する積極的な反対です。たとえば南京大虐殺記念館は三〇万人が殺害されたと言っていますが、彼らは、政府は真実を語っていない、三〇万人という数字はどこから出たのか、と考えています。もし三〇万人だという権威のある根拠を示すことができないのならば政府を信じない、ということ。もし政府を信じないのなら、つまり共産党が嘘をついているのなら、他のすべても嘘である可能性があるということです」

賈葭さんは、共産党批判に対しても、以下のように正直な思いを語ってくれました。

「共青団は、彼らがなぜ中国にこのような敵意を持つのかと疑問を発しましたが、つまりこれは、一人の人間、一人の中国人として、国を愛さない権利があるのかどうか、ということです。過去六〇年以上にわたり、共産党は中国を統治し、様々な苦難を人々に与えてきました。ならば、この政府を愛さなくてもいいのではないか？　政府に反対してもいいのではないか？　ということなのです。

政府への反対は様々であり、微博で政府批判をするのも、あるいは日本軍服を着るのも、その一つの方法です。政府が多くの嘘を言っているということに対する抗議であり、本質は一種の反対だということです」

加えて、南京大虐殺については、ことによると普通の日本人なら腰を抜かしてしまうような事実まで語っています。

「実際、南京大虐殺は一九八〇年代以前、誰も知りませんでしたが、これは日本の学者が言い出したことです。日本の学者の発言後、台湾の学者が、そのようなことがあったのか、我々にはどうして記録が残っていないのか、と言うようになりました。その後、台湾の学者が当時の資料を見て事件を知り、大々的に宣伝を始め、中国の学者も知ったのです。そこから南京大学の『中華民国史研究センター』が、さらには同大学に『南京大虐殺史研究所』ができました。

自分は南京大学を卒業しましたが、毎年一二月一三日午前九時に、市内全域で防空警報が鳴ります。ただ、これは一九九〇年代以降始まったことで、八〇年代にはありませんでした。それゆえ、南京大虐殺などは九〇年代になってから言い出したことだということが分かります。

では、なぜ一九九〇年代になってから、このようなことを言い出したのか？　それには深刻な原因があります。つまり天安門事件以降、共産党のイデオロギーは事実上、破綻《はたん》したからなのです。

江沢民は民族主義を使って国民の凝集力を高めようとしました。そこで九〇年代初めには孔子《こうし》を尊重し、山東省《さんとう》の孔子廟《びょう》を修復、儒家文化を推奨しました。その後は徳による国家統治、などを言い出しました。これは内部的な要因です。

そして外部的な要因は何かというと、つまり日中関係です。中国は過去の半封建半植民地時代に侵略を受けましたが、その被害を訴えるのに日本は取り上げやすい存在でした。だから中国政府は、一九七二年の国交正常化後、日本政府が多くの援助をしてくれたことなど公にしませんでした。たとえば北京の地下鉄や首都空港などのプロジェクトです。

それどころか当局は故意にマイナスの面を強調し、たとえば日本は侵略戦争に対して謝罪していない、などと宣伝するようになりました。ですが、私が二〇一二年に文章を書いた際に調べた結果、日本は首相の発言も含め、四三回もお詫《わ》びしていると分かりました」

日本から見ると、共産党一党独裁のもとに生きる中国人は、まるで機械のように均一な思考を持っているかの如く感じられますが、まったく違います。それは、ここまでの短い文章を読んでいただいただけでも分かると思います。

次章以降も、このまったく新しい中国人の群像、すなわち「精日」現象を分析しながら、近未来の日中関係に思いを馳《は》せていきます。

# 第二章　「精日」の精神的祖国

## 精神的な祖国は日本という人たち

前章で、「精日」とは、もともとは日本社会の礼節や文化を敬愛し、日本人的な生活を送りたいと考えている人々のことだったものを、中国政府により「日本軍服を着て、日中戦争を日本の側に立って肯定する、中国人にあるまじきならず者」というような定義にされたと紹介しました。

この問題について興味を持ち出してから、日本、さらに中国で多くの中国人と会い、彼らの意見を聞きました。そのなかで興味深かったのは、ある日本の大学に留学する中国人学生の発言でした。

それは、「中国人である以上、自分の祖国を中国と思うのが当然であって、精日はアイデンティティが混乱している」という批判。確かに大多数の中国人は、中国人としてのアイデンティティ、帰属感を持っているでしょう。

ただ、本書のために取材した数多くの中国人が日本への興味や好意を抱き、さらに一部は「精神的な祖国は日本」「日本人になりたい」と語るなど、「帰属感のずれ」が起きているのは事実です。

私は、これは中国社会の現状が生んだ一つの結果だと考えています。本章ではこの「精日」にまつわる中国人や中国社会の問題に関して述べてみたいと思います。

まず「精日」という言葉の語源とも言われるのが、ほぼ同じころに登場した「精趙《せいちょう》」というネット流行語です。「精趙」とは「本来は趙家《ちょうけ》の人間ではないが、精神的には趙家の人間だと思っている人」という意味です。

では、この「趙家」とは何かというと、魯迅《ろじん》の名作『阿Q正伝《あキューせいでん》』に登場する地方の名家のことです。主人公の貧乏人、阿Qは、自分もこの趙家に連なる一人だと吹聴《ふいちょう》し、それを知った趙家の旦那《だんな》に、「お前に趙家を名乗る資格はない！」と殴られるシーンがあります。

そして数年前から、中国共産党政権につながる「権貴《けんき》」（特権階級エリート、いわゆる「赤い貴族」）を「趙家人」という隠語で呼ぶことが流行《はや》っています（当局は、この言葉をネットで使用禁止にしています）。そして、本当は特権階級ではないのに精神的には彼らと同一だと考える人のことを「精趙」と呼ぶのです。ちなみに本当の「趙家人」は「精趙」に対して「真趙」といいます。

ですので、この「精日」という言葉も、「本当は日本人ではないが、精神的には自分を日本人と同一視している人」という意味になります。我々生まれながらの日本人は、さしずめ「真日」ということになるのでしょうか。

## あなたの中国は私の中国ではない

この「精趙」という言葉とほぼ同時期に生まれたのが「你国《ニーグォ》」（あなたの国）「貴国」などのネット用語です。この言葉は、現在ではますます頻繁に使われるようになっています。「你国」とは何でしょうか？　ウィキペディア中国語版では次のように説明されています。

〈你国とは、中国大陸（本土）の網民（ネット市民）が中国共産党執政下での劣悪な現象を批判する際に用いる。自国について「我国（わが国）」ではなく「你国」あるいは「貴国」を用いることで、自分は共産党執政下の「中国」とは別だということを強調し、「あなたの中国は私の中国ではない」という抗議の意味が込められている。この言葉の語源は周小平（筆者注：共産党を礼賛する御用作家）の「あなたの中国、あなたの党」という文章と言われる。この言葉に対し、支持する側と反対する側の焦点は「中国共産党」と「中国」に境界線を引くかどうかだった。後に你国という言葉は中国に対する嫌悪の感情が含まれるようになり、多くのネットユーザーの反対を受けた〉

中国では「愛国はすなわち愛（共産）党」と位置づけられています。中国共産党系の新聞

「環球時報」も以下のように論じています。

〈かつては「共産党がなければ新中国はない」だったが、現在では「共産党がなければ中華民族の偉大な復興はない」となった。中国の国民は国を愛し、共産党を愛さなければならない。反共は中国に害を及ぼす。共産党を愛するかどうかが、すべての中国人が真に愛国かどうか判断する主要な基準である〉（「愛国と愛党は中国では一致する」より）

## 共産党からの独立宣言たる言葉

こうした「愛党」の押し付けに対し「你国」とは、「私は中国人だが、共産党政権は私たちを代表していない、そして彼らが統治する中国は私の国ではない、あなたの国だ」という、「NO」の表明なのです。

香港紙のサウスチャイナ・モーニング・ポスト（二〇一五年一一月三日）では、「これはあなたの国であって、私の国ではない：中国の新しい不満を表す言葉（It's your country, not mine: China's new language of discontent)」という記事のなかで、次のように説明しています。

〈過去数ヵ月、新しく対立的な言葉が中国で議論を引き起こしている。それは「你国」、つまり「あなたの国」である。本土と海外の中国人のあいだで、一般的な不公正、偏狭さ、マナーの悪さと距離を置くための言葉として出現したもののうち、突出した言葉だ。自分自身の生活に影響を与える重要な問題について、自由に意見を言う空間が存在しないため、ハイテクに精通した新世代の中国人は、この言葉を中国共産党の統治システムから距離を置く意味で用いている。

この強力な言葉は、中国政府の意見や政策がユーザーの個人的な問題に重要な位置を占めることを拒否する。これは不同意を表す、共産党からの独立宣言である。海外に対し批判的な見解や、愛国主義的なスローガン、不寛容な考えなどによって中国人に影響を与える機関（メディアなど）への、シンプルだが強力な批判でもある。

この言葉がオンライン上で増えていることが、愛国主義的な若者を怒らせているのは驚くべきことではない。彼らにとって、国民の統一こそが国の力を表すからだ。

中国では、共産党に反対する言論や不服従は危険だ。中国には二〇〇〇万台の顔認識可能な監視カメラが設置され、特定の字句を検閲《けんえつ》するシステムや、政府に挑戦的な書き込みを探し出し愛国的なコメントで覆い尽くす「嫌な連中（「五毛党《ごもうとう》」と呼ばれる政府お抱えのネットコメンテーター）」を抱えている。真の声を出すことができないなかで、人々に残されているのは、你国など「弱者の武器」でしかない。これらは検閲が困難である。表面的には害のなさそうな、だが辛辣《しんらつ》な言葉を、中国のネットから取り除くことは不可能だ。

你国の人気は人々に不満が広がっていることを反映している。この不満は景気が良いときには緩和されるが、悪いときにはさらに増幅される。中国経済が鈍化し、人権抑圧が強まるなか、你国は不満の広がる土壌に根を下ろしつつある。だが、一部の中国人が一党独裁国家から距離を置く一方、このような感情がどれだけ深く広がっているのか、そして、この国にどのような影響を与えるのか、それは誰にも分からない〉

## 中国人自身が「支那」を使ったわけ

中国の政治・経済システムが「趙家人」と呼ばれる権力層やその取り巻きの「精趙」らによって独占されていることに対し、自由主義的な傾向がある多くの中国人らは不満を持っています。

さらに習近平《しゅうきんぺい》時代に入り、ナショナリズムとともに、毛沢東時代への回帰ともいえる個人崇拝的なイデオロギーも強調されるようになりました。

私は中国や日本で自由派知識人らと交流することが多いのですが、彼らは政治、社会、歴史などについて、深い知識と洞察力を持っています。通常の民主国家であれば、彼らは政治参加を通じて自分の考え方を政治に反映させることができますが、中国ではその機会がありません。そのため彼らは現体制への不満を抱きつつ、ギリギリのところで自分たちの言論の場を守ろうとしています。

ある知識人の友人は、「大きな声では言えないが、我々自由派知識人は、(個人崇拝を強化する)習近平のやり方に不満を持っている」と語ったことがあります。

二一世紀に入ってインターネットが中国でも急速に普及した結果、人々は限定的ながらも、「マイクロフォン」、つまり発言の場を手に入れました。

私は二〇一二年に発表した『「網民」の反乱　ネットは中国を変えるか』で、ネットが中国の言論空間、さらには中国の社会を変える可能性について指摘しました。当時は「網絡《ワンルオ》(ネット)が中国を変える」と言われていました。前述の文章にもあるように、人々はネットによって「弱者の武器」を手に入れたのです。

そうして多くの社会問題や役人の不正がネットで暴かれ、人々は、ネットこそが自分たちが社会に参加できる手段だと期待を持っていました。ところが二〇一二年に習近平が政権を握ると、たちまちこれまでにない厳しさでネット言論の統制を始め、多くのネット・オピニオン・リーダー、人権活動家、弁護士が逮捕され、発言の場を失いました。いわば「中国が網絡を変える」という正反対の状況になったのです。そうした中国ネット社会の実情は、拙著『習近平時代のネット社会』で紹介しました。

自由主義や民主主義を信奉する知識人は、自分たちが社会の変化に参加できるという希望を失い始めました。そうした状況下で生まれた言葉が、你国や趙国。你国とは、すなわち「この国は私の国ではない、あなたたち趙家人、つまり権力者とそれにつながる人々が支配する国であり、私とは関係ない」という決別宣言なのです。

こうした中国への帰属感の拒否は、香港や台湾などの周辺地域にも、顕著に存在します。中国が自治や民主を守ろうとする人々に対し「港独（香港独立派）」「台独」などというレッテルを貼り、「一つの中国」「中華民族」などとナショナリズムを強制することに反発が広がっています。香港では中国本土を指す言葉として「強国」「強国人」という言葉がしばしば使われているほどです。

さらに、中国政府は二〇一八年、経済や科学技術の発展を宣伝する映画『厲害了、我的国（「すごいぞ、わが国」、英題は「Amazing China」）』を公開しましたが、ここから自画自賛をからかう意味で、「厲害国《リーハイグオ》」という風刺的な言葉も生まれました。基本的には「你国」などと同じように使われています。

さらに中国では、差別的な意味があるとして使われない「支那《しな》」という言葉で、本来「身内」である中国人を罵《ののし》るネット事件も起きています。

二〇一八年四月に起きたいわゆる「潔潔良《ジエジエリヤン》事件」がその典型で、厦門《アモイ》大学の大学院生で共産党員でもあった田佳良《でんけいりょう》という女性が、上海で行われたディズニー映画のイベント会場にゴミが散乱しているのを見て、自らの微博で「悪臭你支（悪臭のするあんたら支那人）」という言葉で罵りました。その結果ネットユーザーの憤慨を買い、彼女は「人肉捜索」（筆者注：ネットで個人情報を暴くこと）を受け、本名や所属大学、共産党員であることなどがばれてしまいました。彼女はその後、党籍を剝奪《はくだつ》され、学校から退学処分を受けました。

ここで問題となったのは「你支」という言葉ですが、これはつまり「你国」と「支那」が合体した言葉であり、前述の抗日戦争遺跡で日本軍の軍服を着て写真を撮った「精日」事件とは異なります。が、「支那」は戦争中に日本が中国に対し使った差別語である（と現在の中国ではされている）ことから、別の形での「精日」事件とみなされたのでした。

## 「精日」は中国人の帰属意識から

このように、自由主義・民主主義派の中産階級や知識人には、現在の中国という政治体制から自分を切り離したいと考える人が増えつつあるようです。ただ、中国国内で経済的、文化的水準が低い人々は、海外旅行の機会がないばかりか、国内でも外国人や外国文化と接触する機会がありません。結果、「抗日ドラマ」や政府系メディアの流す外国ニュースにしか接する機会がなく、どうしても反外国的になりがちです。

二〇一六年秋、陶磁器で有名な江蘇省の宜興《ぎこう》という町を友人の案内で訪れたときのことです。陶磁器店が軒を並べた大きなビルのなかで、友人が以前に買ったことのある店に入りました。

そして茶器を購入し、店の主人とお茶を飲みながら話していると、初老のこの男性が突然、「ちょっと言いにくいが」と断りながらも、「私は日本軍がまた中国に攻めてくるのではと心配だ」と、突拍子もないことを言い出したのです。

友人は、「そんなことはありえない、日本は平和国家だ」と言ってくれたのですが、今度は横にいた男性の兄が、「自分の父親は日本軍と戦った。日本は中国を侵略し、南京大虐殺で三〇万人を殺した。それなのに反省も謝罪もせず、釣魚諸島（尖閣諸島）を奪った」と突然、突っかかってきたのです。

私は「わざわざ日本からやってきて茶器を買ったのに、何と失礼なことを言っているのだ、この人たちは」と不愉快な気分になりました。が、正直、このような人たちと議論してもまったく無意味だと思い、「機会があったら日本に来て、本当の日本を知ってほしい」と言うにとどめました。

友人は、「彼らは日本に行ったことも、日本人と接触したこともない。日本について無知だから仕方がない。不愉快な思いをさせて申し訳ない」と謝ってくれました。

このような人々は、政府系メディアの流すニュースや、抗日戦争を扱った荒唐無稽《こうとうむけい》なドラマ以外に、日本についての情報源を持っていません。また、日本人と接触する機会もほとんどありません。その結果、反日的な傾向が強まるのは、やむをえないのでしょう。

二〇一二年秋の反日デモの際、陝西省西安市《せんせいしょうせいあんし》で日本車オーナー（中国人）に暴行した男性も貧しい農村出身で、「日本については抗日ドラマ以外に知る機会がなかった」と、中国メディアは報じました。

また、地方都市や農村では、地元政府による強制立ち退きや露天商への暴行などが頻発していますが、地元政府に対する抗議の中身も「中央政府の方針は正しいが、地元政府の役人がこれを歪めている」というものです。政権そのものへの批判は広がっていないのが現実です。

これに対し、一定の社会的地位や知識がある中産階層に属し、しかも現在の中国の政治・社会体制に自分たちの声が反映されていないと不満を抱く人々、現在の中国の体制への帰属感を失っている人々が、海外の魅力的な文化や社会に接する機会が増えればどうなるでしょうか？

特に欧米や日本のような、自由な言論が許される、はるかに開放的で民主的な社会に触れれば、徐々にそうした「磁力」に引き寄せられていくことでしょう。そうした帰属感の変化の結果として生まれたのが「精日」や「精美（精神米国人）」だと考えています。

## 「精神米国人」は毛沢東の言葉を

中国への帰属感について、中国人留学生らのアドバイスを受けて試みに作ったのが、次ページの図、「中国人の経済レベルと帰属意識」です。

横軸は中国と外国（日本を含む）それぞれへの距離感（帰属意識や親近感）、縦軸に経済レベルを取っています。つまり経済レベルが比較的高い中産階級では、中国人であると考えている人はもちろん多いのですが、外国への帰属意識もあるのが特徴です。

そのなかでも最も日本に近いグループが「精日」で、これには自分の中国人としてのアイデンティティを否定してでも日本人になりたいという「ハードな精日」と、そこまでは行かないが日本の価値観やライフスタイルに強い共感を持っている「マイルドな精日」に分かれます。

一方で「低端人口」と呼ばれる低所得層は、外国と接する機会がなく、中国政府の宣伝が唯一の情報源であるため、中国寄りになっています。さらに「権貴」、つまり前述の「趙家

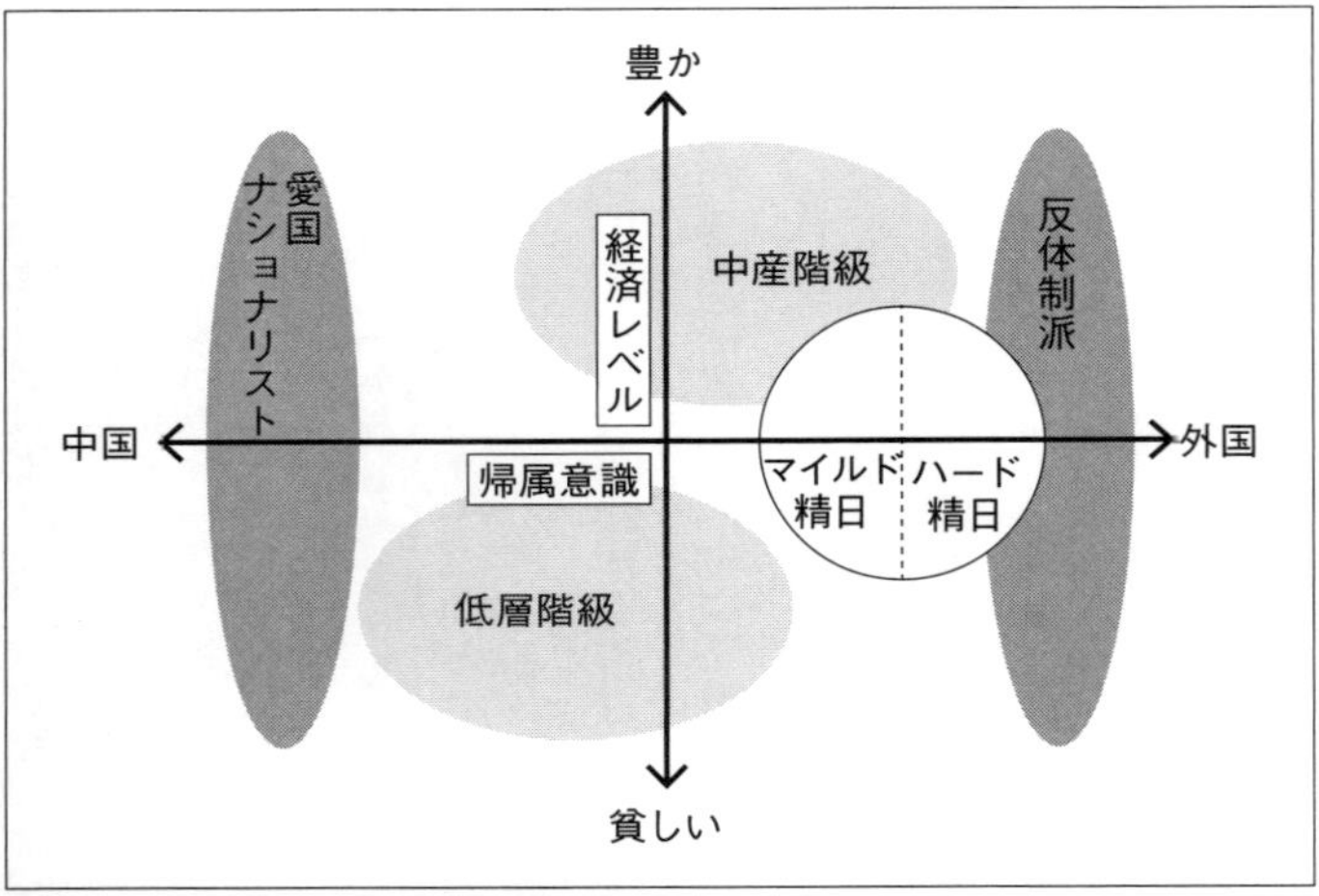


**中国人の経済レベルと帰属意識**

人」は中産階級の上にあるのですが、子女を海外に移住させたりするので、中国への帰属意識を持っていないと、しばしば批判されています。

帰属意識の面で最も中国寄りなのが「五毛党」「小粉紅《シャオフェンフォン》」「自干五《じかんご》」などと呼ばれる過激な民族主義者（愛国ナショナリスト）で、最も外国寄りなのが中国政府に反対する人々です。

「精神米国人」については、最近、面白いネット上の書き込みを見つけました。米中間では、いま貿易摩擦が激化していますが、知人で自由派知識人の論客、栄剣《えいけん》さんは二〇一八年七月、ツイッターで「今日中国大陸最精彩評論：美帝亡我之心千万不要死！（今日、中国で最も素晴らしいコメント：米帝国主義が我々を滅ぼそうとする心は決してなくならないでほしい）」とパロディ化したのです。もともとの言葉は、毛沢東が語った「米帝国主義が我々を滅ぼそうとする心はなくならない」。中国のネット市民は、それに対し「なくならないでほしい」と書き込んだのです。

この書き込みは在中国の米国大使館が七月に発表した文章へのコメントでした。するとそこに、一四〇〇以上の「いいね」が付きました。このコメントは現在は削除されてしまったようですが、「米国大使館の微博へのコメントは非常に良いストレス解消の方法であるだけでなく、人々の願望や気持ちをある程度理解することができる」「米国、人類の希望」などといったコメントが残っています。

## 「中国人にとって日本は憧れ」

このように、ネットでは「精日」のほか、「精美」「精俄（精神ロシア人）」など、いくつかの「精神〜」グループがあるようですが、このなかでも比較的人数が多いのが「精日」のようです。

ちなみに「精神韓国人」という言葉は流行らなかったそうです。北京の学者の友人によると、「韓国は中国よりも歴史が長いと宣伝しており、ネットで嫌われてしまったため」とのことです。

では、このなかでも「精日」になる人々の特徴はどのようなものでしょうか。私が本書の取材のため北京で会った二〇代の「精日」エーコさん（仮名）は、次章でも「軍服マニア」として取り上げますが、次のように語ってくれました。

「中国人にとって、日本は非常に良い憧《あこが》れの対象です。

改革開放以前、中国は政治が混乱し、経済が停滞した時代でした。同時期の日本経済は高度成長を成し遂げ、まったく何もない敗戦国から一躍、アジアの経済、文化、科学技術をリードする国へと発展し、多くの中国人は羨望《せんぼう》を感じました。

改革開放以降の一九八〇〜九〇年代、日本経済の発展は中国ほどではなく、（二一世紀に入り）国内総生産（ＧＤＰ）で中国に追い抜かれましたが、一般の人々は、日本の平均給与が中国よりも多く、しかも物価もそれほど高くないと感じていました。

一九八九年の天安門事件以降、中国人は、共産党が主導する政府に対して信頼を失ってきました。共産党は、社会の公平・公正や言論の自由、そして司法の独立などを実現する努力をしませんでした。

そうして北京の城内で初の銃声があった（民主化運動が銃声によって弾圧された）あと、中国は、五〇年以内に民主化する機会を完全に失いました。

一方、欧米での生活に憧れていた中国人が移住してみると、期待していたような社会サービスを受けられず、しかもこうしたサービスは高価で、経済的に受け入れられる範囲を超えています。

欧米諸国の憲政や民主主義への憧れはあるものの、常に文化や人種の違いによる衝突を経験し、中国人は欧米の白人社会には溶け込めません。結果、各地に大小のチャイナタウンが出現しました。

ところが日本は古代から中国の隣国であり、住宅価格は中国の大都市と比べ割安で、収入も多く、国民はより完全な社会サービスやインフラの成果を享受《きょうじゅ》できます。生活コストもリーズナブルで、しかも欧米と同様の憲政や民主主義、そして言論の自由があります。

つまり日本は、中国人が憧れる『西側の普遍的民主社会の価値観』『中国人と比較的近い生活様式』『東アジアの中産階級が喜ぶ文化・娯楽環境』の三つを備えた国なのです。

日本は多くの『精日』にとって、東洋の黄色人種国家の理想的な発展の目標であり、たとえ金権政治や企業スキャンダルなどの問題があったとしても、東アジアの後発国にとっては、格好のお手本なのです」

## 中国と日本の文明の差は一〇〇年

彼のような見解を持つ中国人は決して少なくはありません。前述の栄剣さんも、ツイッタ

栄剣さん（右）と著者

ーで、次のように発言しています。

「中国と日本の文明の差はどれほどだろうか？　一〇〇年と言う人もいる。だが政治制度の違いは別としても、ゴミの分類、環境保護、社会治安、人と人の関係など、最も基本的な社会のレベルから見ても、中国が日本の現在のガバナンスの程度に達するには、一〇〇年で十分かどうか、疑わしい。

日本は古今東西の矛盾《むじゅん》を解決したが、中国の問題の根源には常に古今東西の衝突がある。遠くの西側に学ぶよりも、近くの日本に学ぶべきである」

中国の二〇代の若者と、六〇代の知識人が、日本について同じような見解を示していることは、正直驚きです。反日教育に強く影響を受けた若者までもがこのような評価をしていることは、事実として受け入れてもいいのではないでしょうか。

このように中産階級には、日本を好意的に見る人が非常に増えているのです。そうしたなか、自分の帰属意識までも日本と同一視する、つまり中国が「你国」で日本が「我国」という選択をする人々こそ、最も極端な「精日」です。

中国の外相は彼らを「中国人のクズ」と呼びましたが、「精日」の人々は実際には、ほとんど意に介していません。なぜなら、彼らは日本人になりたいと思っているからであり、彼らにとっての最大の侮辱は「あなたはしょせん日本人ではない」と言われることなのです。

## 幅広いゾーンに分布する日本好き

このような中国人の日本への親近感にも程度に差があります。「日本は第二の故郷」と考える人もいれば、「日本こそ精神的祖国」と言い切る人もいます。

おそらくそれは、その人の中国社会での社会的ステータスや生活の満足度に左右されるのでしょう。

前述の共産主義青年団による「精日」の解釈は、幅広いゾーンに分布する日本好きな人々から、自分を日本人と同一視して共産党政権下の中国への帰属意識を持たない「ハードな精日」や、アニメ、スポーツ、ライフスタイルなどの点で日本に親近感を持つ「マイルドな精日」を、切り離す試みとも言えます。

共産党政権としては、「日本愛」が中国への批判へと昇華し、それが組織化されるなど、社会的な影響力を強めることを恐れているのでしょう。前述したように、「反日」は、共産党政権がナショナリズムを高め、国内問題への批判をそらすため、今後も残しておきたい切り札なのです。

しかし、「ハードな精日」は、いずれは日本に移住するなどの道を選ぶでしょうし、事実、日本国籍を取得した人もいます。

一方、中国人のなかには、「親日」と呼ばれることを「売国奴」と同様に考えて嫌がるケースもあります。

中国の抗日戦争を描いた映画やドラマには、よく日本軍の軍帽をかぶり、ジャケットを羽織った「対日協力者」が出てきます。彼らは日本軍の軍人を「太君《タイジュン》（日本語の大君《たいくん》が由来という）」と呼んで媚びへつらい、最後は中国軍によって殺されてしまいます。「親日」にはこのようなイメージがあり、マイナスの意味があるのです。

このような「親日」あるいは売国奴は、中国人であるにもかかわらず日本の利益のために動く人間で、すなわち中国への帰属意識は持っています。対して「精日」は、そうした帰属意識が希薄です。

いずれにせよ、「精日」を生み出した大本に日本の文化や社会の魅力があるというだけでなく、中国人の帰属意識の変化があったことを指摘しておきたいと思います。

# 第三章　「精日」の百人百様

## イケメン「精日」は軍事マニア

「精日」という言葉が、中国共産党政権によって、「売国奴」などといった解釈を押し付けられたことを前章で紹介しました。本章では、「精日」という言葉がクローズアップされた二〇一八年三月以降、日本や中国で知り合った様々な「精日」、あるいは日本に強い思いを寄せる中国人を紹介したいと思います。

このなかの数人はすでに日本国籍を取得し、「真日」になっていますが、彼らがどのようなきっかけで日本に「ハマった」のか、心の遍歴を聞き出すようにも努めました。

ただ「まえがき」でも述べたように、一部の人を除いては、実名での公開を望んでいません。「精日」は、いわば愛国ナショナリズムを「国家宗教」とする中国社会では、まだ異端扱いされるからです。そのあたりも理解して、彼らの声に耳を傾けてください。

まずは「まえがき」でも紹介した飛鳥さん。彼と最初に出会ったのは、二〇一七年初めに東京郊外で開かれた外国人との新年交流会でした。中国語の名札を付けたイケメン男性がいたので、「中国からですか」と声を掛けてみました。当時、彼は日本語がたどたどしかったので、「あなたは中国語が話せますか?」と聞いてきました。「ええ、ある程度なら」と中国語で返し、交流が始まりました。

飛鳥さんは中国の広東省出身で、地元の大学と大学院で語学教育を学び、外国人に中国語を教えていました。すでに来日した時点で日本人の女性と結婚しており、日本国籍を申請中でした。日本語も見違えるように向上していき、今後は得意とする外国人への日本語教育などに取り組みたいと考えているそうです。

自分が「精日」になった理由については、「日本への愛は反洗脳、独立思想、自由な心を探す旅」として、その思いを綴《つづ》ってくれました。一部を抜粋《ばっすい》して紹介します。彼独自の見解もありますが、なるべくそのままにしてあります。

## 靖国神社で旧日本軍のコスプレを

一九八〇年代に中国南部で生まれ育った僕の子供の頃は、中国政府の教育を受けて、日本といえば主に旧日本軍のイメージでした。残虐《ざんぎゃく》で欲深く、何度も中共軍に負けた馬鹿な集団の国だろうと思っていました。

ただ、日本製の電気製品は質がとても良いという評判を聞いていました。一九九〇年代初め、酒井法子《さかいのりこ》が日立の白黒テレビのなかで踊りながら松下電器の歌を歌った広告を見たとき、祖母が「日本といえば蛍光灯がいいよね。もう十数年も使っているわ」と言っていたのをいまでも覚えています。

その時期は海賊版漫画のおかげで、「ドラえもん」「聖闘士星矢《セイントセイヤ》」「ドラゴンボール」「らんま1／2」などの名作を見て、新たな世界の窓が開かれました。

中学生だった一九九五年に、第二次世界大戦の終了および中国政府が主張する「抗日戦争勝利」から五〇年が経ちました。「日本軍国主義の罪悪を摘発」を名目に、様々な太平洋戦争に関する書籍やドキュメントを見て、かえって日本海軍が素晴らしかったと知りました。

戦争が悪いことは、もちろん分かりました。でも、日本海軍には開戦に対して反対論もあった。が、陸軍に押し切られ、真珠湾攻撃に踏み切ったのです。日本海軍は、あの時代のアジア諸国で一番高い水準の技術部隊であり、アジア人共同の栄光だと思ってきました。

海軍の話というと、多分みんなは軍艦を連想するでしょう。もちろん日本海軍は世界一大きな戦艦（大和、武蔵）などを誇りますが、私は海軍軍人に対して、もっと興味を抱いています。特に、誰よりも日米の国力差を理解し、戦争が不可なることを知っていた連合艦隊司令長官の山本五十六《やまもといそろく》や、山本長官と一緒に日独伊三国同盟や対米開戦に反対した最後の海軍大将、井上成美《いのうえしげよし》らです。

そのころは、第二次世界大戦時の戦艦や戦闘機のプラモデルを組み立てることが趣味でした。日本の会社（バンダイなど）と共同出資企業の製品も、中国企業のコピー品もありましたが、日本海軍の兵器には特徴があって格好良いと思っていました。

たとえばゼロ戦の曲線と、帝国軍艦特有の洗練感を持つ独特の美しい艦首の形などです。日本軍艦の代表といえば戦艦大和でしょうが、私は姉妹艦の武蔵のほうが好きです。なぜかというと、打たれ強かったからです（武蔵が魚雷二〇本と爆弾一七発以上を被弾しながら九時間ほど耐えたのに比べ、大和は二時間近くの戦闘で沈没しました）。

私の旧日本海軍や戦艦についての知識が豊富だったがために、呉《くれ》の大和ミュージアムを訪問した際には、ボランティアガイドを驚かせてしまいました。また、日本海軍を研究した中国の軍事系雑誌社に文章を寄稿したことが何度もあります。

中学時代のある日、自分で作った伊４０１潜水艦のプラモデルが湖で波を切って走っていたときには、思わず「ああ、日本海軍！」と、感嘆の声を上げてしまいました。

ですが、日本海軍から日本を愛するようになったのは、単なる「屋烏《おくう》の愛」ではありません。高校時代に「東京ラブストーリー」をはじめとする日本のドラマを観て、日本人のように礼儀正しく、人を敬う気持ちを忘れないようにしたいと思ったのです。また、図書館で礼儀に関する本を読んで、日本人のマナーと躾《しつけ》に対する几帳面《きちょうめん》さや厳しさに感心しました。

さらに、明治時代のヨーロッパ人の日本研究家、小泉八雲も知りました。彼は日本に対する深い愛情を持っていたので日本国籍を取得し、東西文化を比較しながら日本人を理解し、西洋に紹介して功績を挙げました。このことに私は強く感銘を受け、自分もそのような人になれたらいいなと思うようになりました。また、村上春樹《むらかみはるき》の小説を読み、彼の作品に出てくる異端者を知り、現代の日本社会では自分も問題なく生活できる様を想像していました。

大学時代の二〇〇二年サッカー・ワールドカップの際には、テレビで日本対ベルギーの試合を観たあと、ある級友のところに行って試合について語り合いました。その素晴らしい戦いに感心し、とても感動していたので、何度も「大日本」と言いました。級友のルームメイトは不快になったらしく、「日本は小日本のはずだ」と口出ししました。もちろん中国では、日本を小日本と呼ぶのがポリティカリー・コレクト（政治的に正しい）です。だが、僕が「精日」となったのは、まさにこのときからでしょう。

大学を卒業後、地元政府で公務員として数年間勤務しました。そのときも、ある同僚から、日本好きのお前は嫌いだと言われました。

人生初の訪日は二〇〇六年。初めて日本に行った感想は、やはり夢か幻《まぼろし》のような国で、塵《ちり》ひとつないほど清潔なのには驚きました。ただ将来のある日、日本で暮らすようになるなんて、想像すらしませんでした。

宮崎駿《みやざきはやお》、ジブリの映画作品も、この時期によく見ていました。愛や平和と人間への関心は、国境を超え、どこの国の人間も共感を持つでしょう。

公務員時代は五年間しか続きませんでした。退屈な環境に物足りなさを感じ、チャレンジングな環境を求めて退職、大学院に進学を決めました。国際協力や異文化交流の促進に関する分野に興味があり、国際中国語教師になるために勉強しました。そのおかげで、同大学で、中国語を習うために留学してきた現在の妻と知り合い、結婚しました。

来日後、この素晴らしい国への愛情も日増しに高まっています。日本の皆さんにお世話になり、日本人と変わらない福祉制度を受け、さらには自国にはない言論の自由も与えられています。

終戦記念日に靖国《やすくに》神社に参拝したときには、旧日本軍のコスプレイヤーとの写真を微信で発表しましたが、母からは「抗日戦争勝利記念日なのに、なぜそんなことをしたの？」、父からは「日本人と結婚しても、お前は中国人のことを忘れるな！」と批判されました。なので、やむを得ず微信では両親をブロックしました。

来日後、日本語学校で学び、現在は日本帰化の手続きを準備しています。もし順調に日本国籍を取得したら、ようやく「精神的」だけでなく、本物の日本人になれるでしょう。

## 中国は地理上の地域区分の概念

彼には、ではなぜ、あなたは「精日」になったのか、と尋ねました。それに対しては、次のような答えが返ってきました。

なぜ中国という国が好きではないか？　実は、いわゆる「中国」という国は、「ヨーロッパ」のように地理上の地域区分の概念なのです。

中国は各地方によって、ぜんぜん違います。南部と北部の相違点はイギリスとフランスのそれより大きいかもしれません。しかしながら、好きであれ嫌いであれ、民主選挙を行わず独裁的な政権がこの国の政府であり、僕らの代表です。この政権の行いは僕らのイメージにも影響を及ぼすので、できればこの国との関係をはっきり切断したいのです。

また、中国人に関するマイナス面のニュースを見るにつけ、自分の民度はそんなに低くないのに、同じ国籍を持っているのが恥ずかしいとも思います。

そして、なぜ日本人になりたいか？　孔子《こうし》は『論語』で「見賢思斉《けんけんしせい》：賢くて優れた人を見たら、自分もそれと同じようになろうと思う」と言っています。僕は日本の皆さんのように礼儀正しくし、人を敬う気持ちを忘れないようにしたいと思っています。街で知らない人同士が微笑んで挨拶している様子を見るにつけ、孔子の言葉を思い出し、実行しようと考えます。

また、日本の「郷に入《い》っては郷に従え」という諺《ことわざ》や、英語の「そこに自由があればそこが祖国（Where liberty dwells, there is my country.）」を実践し、日本人と共存していくという初心を忘れずに、積極的に日本社会に溶け込んでいこうと思っています。

彼はいわゆる「ハードな精日」と言えるでしょう。彼のような人は在日華人社会でも少数派で、色々と辛い思いもしているようですが、初心を貫いてほしいと思います。

## 同級生のあいだで日本情報を交換

飛鳥さんの紹介で会ったのが、「まえがき」でも紹介した陳さん。ネットでは「Kyodo醬《チャン》」という名前を使っている「八〇後」の女性です。草津温泉を案内し、私の高校の同期生が自宅で開いたパーティや、日本の銭湯などにもお連れし、一般市民の生活を体験してもらいました。「私は精日」と語る彼女に、様々な質問をぶつけました。

**問**：子供の頃、日本のことをどのように考えていましたか？　学校や家庭では、日本についてどのような教育を受けましたか？　アニメやドラマはどのようなものを観て、どのように感じましたか？

**答**：子供の頃は、日本に対する感情は矛盾《むじゅん》していました。父親は本当の日本について分かっていませんでしたが、日本製品を買うのが好きで、崇拝の域にまで達していました。現在まで家の大小家電はいずれも日本製だったので、小さい頃に接した日本に対する啓蒙《けいもう》は、日本製品から来たといえるでしょう。

一方、小学校の頃から、先生たちの授業中の宣伝や教科書、そして学校が組織した映画鑑賞などによって、反日教育が行われていました。当時、自分は幼く、独立した思考能力がなかったので、基本的にこれを信じ、一時期は日本を恐れるようになっていました。ですが幸いなことに、自分が育った時期の日中関係は良好で、文化交流も盛んでした。子供の頃から日本のアニメ、ドラマ、流行歌を友に育ったのです。

その当時、テレビでは日本のドラマやアニメはいつでも観ることができました。初めて日本文化に接し、日本は非常におしゃれな国だと思い、憧れました。同級生のあいだでは、こうした日本情報を交換するのは日常でした。

**問**：日本に初めて来たのはいつですか？　そのときに、どのような印象を持ちましたか？

草津温泉のKyodo醤

特に、中国と比較してどのように感じましたか？

**答**：実際にはずっと以前から日本に行ってみたかったのですが、二〇一三年に初めて日本に来ることができました。初めてだったので、ツアーに参加しました。とても感動し、まるで夢が実現したかのようでした。

夜間の自由行動のとき電車のなかで迷っていたところ、中学生か高校生が親切に降りる駅を教えてくれたことに非常に感動しました。最初の旅行は短かったですが、様々なことを実際に見て体験し、中国政府が宣伝する日本は真実の日本ではないとは知っていましたが、それでも大きなショックを受けました。

最も直接的な印象は、空気が大変きれいだということです。私にはアレルギーがありますが、日本にいるあいだ、鼻炎は一度も起きませんでした。社会の治安も良く、旅行中に財布を落としたのですが、警察に届けたところ、無事に戻ってきました。物をなくしてもまったく元のままで戻ってくる……こうしたことを自分も身をもって体験しました。

人と人が生活をともにするなかで、このようにお互いを信頼できる、そして落ち着いた心で話ができる……誇張ではなく、日本にいると自分は本当に「人間」として扱われていると感じました。こうした感覚は、中国ではこれまでなかったものです。加えて日本人は落ち着いており、男女ともに非常におしゃれで、社会秩序はしっかりとしていると感じました。

**問**：これまでに何度くらい日本に来ましたか？　普段は日本関係の情報をどのように入手していますか？

**答**：初めて日本に来てから、まさに一度始めたら止めることができず、ますます日本が好きになりました。基本的には一年に少なくとも二回、多い時は三回訪れており、すでに十数回を数えるでしょう。より多くの日本文化や情報に接するため、上海の日本総領事館などが開く様々なイベントにも参加しています。また普段は（中国のネット規制を回避する）ＶＰＮを使って海外のメディアから情報を得ています。

**問**：日本では、どのような場所を訪問しましたか？　他の国には行きましたか？

**答**：日本は四方を海に囲まれているので、毎回、海に行くことが多いです。さらに現代と伝統が併存する国であり、何に限らず独特の魅力があります。最も好きなのは東京で、ほとんど行き尽くしました。日本に行くときはいつも一人なので、自分の好きなことをすることができます。各種の神社仏閣、多くの温泉、博物館や公園、ミシュランに載ったレストランなど、中国人があまり行ったことがない場所、または聞いたこともない場所です。日本以外には韓国に行ったことがありますが、基本的に、時間があれば日本に行きたいです。

## 「世界中が日本を文明のお手本に」

**問**：日本は好きですか、嫌いですか？　具体的には、どの点が好きですか？　嫌いだとしたら、どのような点ですか？

**答**：もちろん好きです！　日本人と接触する機会が増えるにしたがって、正直や善良という感覚を私に与えてくれます。そして日本人と友人となるのも好きです。「ドラえもん」を作り出した人々、可愛らしさにあふれた国の人々、人を喜んでもてなす人々に、愛情を感じないということがあるでしょうか？

私にとって最も貴重であり、日本が大好きな理由は、その自由と文明であり、中国人は「文明の天井」「アジアの光」と言います。これは同じ東洋人の自分としても誇りに思います。自由に対する渇望《かつぼう》について、自分はあるたとえを使ったことがあります。「自由は空気のようであり、それがなくなるまで、その存在を思い浮かべることはない」というものです。

**問**：抽象的な質問ですが、日本とはあなたにとってどのような存在ですか？　いわゆる「精日」についてどう思いますか？　本来は悪い意味はなかったが、政府が解釈を歪めたと思いますが、その点についてはどう考えますか？

**答**：日本は自分にとって、精神的な母国と同じような存在です。私は文明的で立派な人間になりたいと思っています。自分が日本にいようと中国にいようと、日本人だと思われることがよくありますが、それは自分に対する最高の評価です。

中国政府が「精日」という言葉を偏向して解釈する以前、自分はこの言葉の存在を知りませんでした。中国政府が「精日」を民族のクズと呼んだきっかけは、上海で日本軍服を着た数人の中国人が引き起こしたものです。(日本に対する)一貫した政治宣伝に合わせ、「精日」を芽のうちに摘んでしまおうとするため、定義を広げ、圧殺する範囲を拡大したのです。

中国に限らず、「精日」は世界中にいます。上海でサッカー・ワールドカップに出場した日本代表の試合を観ましたが、多くの欧米の人々が日本のユニフォームを着て応援していました。また彼ら欧米人も、日本の礼儀作法を非常に理解していました。この世界では、人々はすでに、日本を文明のお手本としているのです。

陳さんは以前、日本に来た際に靖国神社を見学し、そのことを上海に戻って話したところ、日本嫌いの同僚から批判され、それが原因で会社にいづらくなり、転職したという苦い思い出があるそうです。彼女が「精神的な母国」と日本への思いを強めているのは、自国での生きづらさも理由にあるようです。

私は彼女に、年に何度も日本旅行するより、まずは日本語をもっと学んで、日本に留学するか生活の拠点を移したらどうか、とアドバイスしました。日本を心の拠り所《よどころ》にしている彼女のような中国の若者を受け入れる場を、日本社会が提供できれば良いと思います。

## 軍服のオタク青年と和服の母親

二〇一八年三月末、ある中国人学生が日本の大学を卒業し、お祝いの会に出席する機会が

Uさんの旧日本海軍の軍服

ありました。父親は中国で有名な人物ですが、差《さ》し障《さわ》りがあるので明らかにはしません。日本庭園が見事な都内の日本料理店に普段着で駆けつけたところ、当のUさんは、何と旧日本海軍の軍服姿で待っていました。胸にはいくつもの勲章《くんしょう》が掛けられており、自慢そうに語りました。

「この軍服は、日本で注文したものです。海軍の帽子も、軍港のあった呉にある帽子屋に特注しました。勲章も、一つは偽物ですが残りは本物で、ネットオークションで手に入れました」

加えて、中国から訪れたUさんの母親も和服姿で、まるで戦前の海軍若手将校の親子のようでした。

「なぜ軍服にハマったの？」と聞くと、彼は「最初は『艦これ』がきっかけでした。そこから、軍服、勲章、軍装関連書籍などを集めました」と言います。「艦これ（艦隊これくしょん）」とは、旧海軍の戦艦や航空母艦などの艦艇を女性キャラクターに擬人化した「艦娘

（かんむす）」を集め、育成し、戦うゲームで、中国などにも熱烈なファンがいるそうです。

「自分は基本的に海軍派ですが、陸軍も嫌いではありません。サバイバルゲーム用に三八式歩兵銃のエアガンも持っていますよ」

## 子供時代の反日教育の内容

その後、彼から詳しく話を聞くことができました。北京で生まれた「九〇後」の彼がまず語ってくれたのは、子供時代に受けた反日教育についての話でした。


子供の頃は反日教育を受けました。学校では教師が、知り合いが日本に旅行してタクシーに乗ったら、中国人だと分かったとたんに差別的な発言を受けたと話していました。子供に歴史的、政治的なことを言っても分かりませんが、まず身近なことから日本へのイメージが形成されるのです。当時は同世代の半分くらいは日本が嫌いだったでしょう。教科書や先生の影響が八〇パーセントくらいありました。いまはもっとナショナリズムの教育が重視され、反日教育が強化されています。

抗日ドラマの影響もありました。（滑稽《こっけい》な日本兵を）笑いながら日本人は敵なのだと思わされるのです。子供には日本への憎しみはないのに、「日本＝敵」というイメージや枠組みをまず作って、そこに後から（歴史教育などによって）憎しみが植え付けられるのです。抗日ドラマは、時代劇やファンタジードラマに比べて検閲を通りやすいので、投資が回収しやすいのも増加した理由です。

ですから当時は、日本が大嫌いでした。日本製品を使わない時期もありました。ですが、日本のアニメやドラマはテレビで観ており、ウルトラマンが好きでした。いまから思えばダブルスタンダードですが、深く考えたことはなかったです。ところがその後、小学校高学年になり、親から天安門事件について聞かされ、共産党に不信感を持ちました。

二〇〇七年、中学一年のとき、学校のツアーで大阪などの日本を一週間、旅行しました。遊べればいいと軽い気持ちで参加しましたが、街もきれいで、人も親切で、すぐに日本にはまってしまいました。

それをきっかけに日本語を学び、アニメを観るようになりました。「ウルトラマン」「美少女戦士セーラームーン」「花の子ルンルン」「キャプテン翼」「北斗の拳」「スラムダンク」「聖闘士星矢」などです。ドラマは「燃えろアタック」などでした。当時は、地方のテレビ局で、日本アニメやドラマを放送していました。

ところが現在は国産アニメばかり。日本のアニメは、テレビでほとんどやっていません。当局は国産アニメを大切にし、日本など外国のアニメはあまり観させたくないのです。その国産アニメはというと、作る人の気持ちが入っていません。子供だましという感覚で、絵もひどいし、声優も棒読みです。

その後、留学のため二〇一二年七月に来日し、日本語学校に通ったあと、一四年四月に都内の私立大学に入りました。

ミリタリーオタクになったのは友人の影響。友人のほうがもっと詳しいです（後述）。太平洋戦争をテーマにしたオンラインゲーム「ライジングストーム」は二〇〇時間くらいやりましたが、日本軍で戦っています。日本軍にしかできない集団で行う「バンザイ突撃」がとても楽しいし（筆者注：史実には反していると思いますが……エネルギーが高まり、むしろ強くなるそうです）、三八式歩兵銃のほうが米軍のM1ガーランドよりも精度が高い。軍隊では海軍のほうが好きで、特にゼロ戦は無駄がなく、機能美が感じられます。

自分は「精神日本人」だと思っています。日本のことをよく言うと「精日」と批判されますが、それならば自分は「精日」だとはっきり言いたい。私にはあまり、中国が祖国だ、自分は中国人だという自覚がありません。両親も国家主義や民族主義を振りかざさなかったし、自分の生まれた国は選べないし、たまたま中国人として生まれただけだと思っています。

私が教育を受けたのは両親からであって、共産党からではありません。中国人として生まれただけで中国や共産党を支持しろというのはおかしいのです。

将来は日本国籍を取ろうと思っていますが、日本国籍を取った中国人のなかには、形だけ日本人だが、中国を支持している人もいます。彼らには日本を愛せとまでは言いませんが、少なくともこの国の人々の生活や社会の邪魔をしてはいけないと助言します。

軍服を着て戦争遺跡で写真を撮った行為は、社会への反発や一種のパフォーマンスアートでしょうが、自分に言わせれば考えが甘すぎで、政治的敏感性が足りないと思います。私は共産党がどこまで許容するかを知っています。（彼らは）軍服に対する知識は十分でも、政治的な認識が足りない。少なくとも現在の中国ではやり過ぎであり、まず自分の安全を考えるべきでしょう。何より彼らの行為は、結果的に「精日」を攻撃する口実を与えてしまったのですから。

「精日」を人種差別主義者呼ばわりする人もいますが、日本の社会や文化に憧れ、そうなりたいと思っているだけ。中国に対する侮辱意識は持っていません。加えて、内面でどう思うかは各自の自由です。

私は彼に、このごろ撮った写真はないかと聞くと、白い海軍の軍服を着て、水上戦闘機

水上戦闘機「瑞雲」を前にする軍服姿のUさん

「瑞雲《ずいうん》」と撮った後ろ姿の写真を送ってくれました。

「瑞雲」は第二次世界大戦後期に登場し、「万能機」と呼ばれた水上偵察機。「艦これ」と富士急ハイランドのコラボレーションで、二〇一七年に原寸大のレプリカが展示されたそうです。

「服は海軍第二種軍装、海軍の軍用機に合わせて着ていきました。『艦これ』では索敵、制空、爆撃を同時にできるのは瑞雲だけなので、オールラウンドなキャラクターです。瑞雲を崇拝する『瑞雲教』というグループまであります。かく言う自分も教徒の一人です」——ＬＩＮＥでやり取りするＵさんの話が止まらなくなりました。

## 北京で貫く「精日」の日常

「北京にはディープな精日がいます。私の友人です」という前項のUさんの紹介で、二〇一八年八月、二人と会うことができました。

「松平《まつだいら》」さんは二六歳の男性。北京の大学を卒業後、現在はゲーム会社に勤務しています。歴史や軍事、読書が趣味で、特に一六〜二〇世紀の日本史や、一九〜二〇世紀の世界史に興味があるそうです。父親は共産党員とのこと。ニックネームを「松平」としたのは、会津松平家が好きだからなのだそうです。

もう一人の「エーコ」さんは二三歳の男性。日本で語学学校に通っていましたが、病気で帰国。中学・高校時代は北京で最も開放的な学校で学び、西側の民主思想や日本文化に触れました。歴史、軍事、外交や、音楽が大好き。コスプレでは女装をすることも多いそうです。「エーコ」は、好きな作家、イタリア人のウンベルト・エーコから採ったとのことです。

夕暮れ時の北京ダックの店に現れた二人は、どこにでもいるような普通の青年でした。そして、軍服趣味から「精神日本人」まで話題は広がりました。

このとき二人が撮影してツイッターに載せたという写真を見せてもらいました。「海軍の軍人（松平さん）が戦友の死を妻（エーコさん）に報告する場面」とのことで、「何じゃこれは！」と、しばらく開いた口が塞《ふさ》がりませんでした。「本に載せてもいいの？」と聞くと、構いませんとのことだったので、ここに転載します。

彼らの早口の北京なまりについていけず、その録音音声を文字化するのをUさんに手伝ってもらい、さらにいくつかの質問事項にメールで答えてもらいました。

**松平さん（右）とエーコさん**

**問**：軍服コスプレをやるようになったきっかけは何ですか？　なかでも、なぜ日本軍の軍服が好きなのですか？　いつ頃からこの趣味にはまりましたか？

**松平**：男性の多くには軍服を着て戦場で活躍したいという夢があると思います。軍服は、軍人になるという実現できなかった夢を、ある意味満たしてくれるものなのです。日本軍の軍服が好きなのは（ゲームなど）日本文化の影響もあるし、東アジア人の体型を考えれば、日本の軍服が最もこの地域の軍人のイメージを代表していると思うからです。

私は大学時代からこの趣味を始めましたが、ある程度経済的に余裕ができてから初めて軍服を買いました。具体的には帝国海軍の第一種、第二種軍装や通常礼服を持っています。ただ自分は背が高いので、どちらかと言うと欧米の軍服のほうが似合います。

**エーコ**：最初はアニメやゲームから軍事をテーマにしたコスプレに関心を持ちました。ですが私は背が低く、日本の文化作品に触れる機会が多かったので、自然と日本軍の軍服を選ぶようになりました。当時は「艦これ」が流行していたので、海軍の服装が好きになり、第一種、第二種軍装や通常礼服を持っています。

**問**：どんなところで手に入れるのですか？

**エーコ**：一部は東京・上野の中田商店（ミリタリーショップ）で買いました。淘宝《タオバオ》（オンラインショップ）でオーダーメイドで買う人もいます。だいたい一セット二〇〇〇元（約三万二〇〇〇円）くらいで、私の場合、帽子や短剣を含め四〇〇〇元でした。本物を手に入れるルートもありますが、とても高い。実際に着ることも多いので、これらで十分です。

**問**：普段はどのような活動をしていますか？　だいたいどのくらいの人が参加しますか？

北京や中国に、軍服が好きな人はどのくらいいるのですか？

**松平**：普段は漫画やアニメのファンの集まりや同人展（同人誌のイベント）に参加しています。軍服を着て参加するのは、だいたい数十人ですね。北京で軍服専門の集まりは一〇〇人くらいが参加します。全国の状況は分かりませんが、北京だけなら本物やレプリカの軍服を持っている人は一〇〇〇人以上いるでしょう。ただ多くの愛好家は、仕事やその他の理由で、軍服を持ってイベントに参加する人は少なく、コレクションとして家に保存していることが多いです。

**エーコ**：私も普段は漫画やアニメのファンの集まりなどに参加しています。「竜騎兵」など軍事愛好者の集まりにも参加していましたが、政治的に敏感であるのと、一部の参加者と反《そ》りが合わなくなり、行かなくなってしまいました。「竜騎兵」には毎回数十人から一〇〇人くらいが参加します。全国的な人数は分かりません。

**問**：あなたの家族やまわりの人々は、このような趣味について、どのような意見を持っていますか？　反対はありませんか？

**松平**：家族は反対しています。その理由は、まず軍服を買うのにお金がかかることです。一般的なサラリーマンがこの趣味を続けていくのは大変なことでしょう。また、中国の政治的な環境では、日本の軍服を着ることは、すなわち政府への反逆、民族への裏切りとみなされるのです。でも、私のことを完全に縛ることはできません。家族からは安全に注意するよう言われるだけで、あとは私に任されています。

**エーコ**：私のガールフレンドは、完全に私の趣味を支持しています。彼女はとてもよく理解してくれますし、一緒に軍服やコスプレを楽しんでいます。ですが、母親や友人たちは、あまり分かってくれません。彼らは理解しようとはしませんが、基本的には支持しており、興味を持ってくれています。父親はあまり賛成していませんが、私の趣味に干渉《かんしょう》しようとはせず、安全に注意して自分が正しいと思うことをするように、と言っています。

## 老兵は抗日ドラマを唾棄する

**問**：ネットやソーシャルメディアでは活動していますか？　ツイッターでは二人とも「自宅警備隊」の名前で活動していますが　どういう意味ですか？

**松平**：北京の政治的な環境では、オフラインでの活動はとても少ないので、大部分はオンラインのソーシャルメディアで交流しています。「自宅警備隊」は日本各地の愛好家がオン・オフで活動する組織の名前です。私たちの北京分隊は日本の本隊から許可を得て作った海外支部です。北京分隊の隊員の大部分は、軍服に限らず、歴史、アニメ、ゲームなど同じような趣味を持つ仲間です。

**エーコ**：当然、ネットでの活動はあります。主にＱＱグループやツイッターでのファン同士の討論ですが、政治的に敏感であるため、自分の安全を考えてオープンにはしていません。また、自ら色々な人と接触しようともしません。

**問**：抗日ドラマに対しては、どのような意見ですか？

**松平**：中国の抗日ドラマは、スパイドラマにせよ戦争ドラマにせよ、歴史を子供の遊びのように扱う雰囲気にあふれています。スパイドラマには、どのような状況でも上級部門の与えた命令を達成し、どんなに高い地位にあっても国を裏切らない完璧な秘密工作員が登場します。また戦争ドラマでは、共産党が指導する軍隊やゲリラ部隊は一人で一〇〇人の日本兵を倒すことができる超人ばかりで、戦争とは簡単にできるままごと遊びだと思えてしまいます。たとえ「手撕鬼子《ショウシーグイズ》（素手で日本兵を真っ二つにする）」のようなデタラメであっても当然のことだと考えてしまいます。

また日本軍は、基本的に、知力や武力で完全に中国人に劣るものとして描かれます。観衆の憂《う》さ晴《ば》らしとして、妖怪変化《ようかいへんげ》のようなヒーローたちによって、いとも簡単にやっつけられる。ある有名な日本兵役の日本人俳優は、メディアの取材に対し、撮影スタッフから先の戦争についてしばしば謝罪を迫られたと語っています。

**エーコ**：中国の監督が粗製乱造している「抗日神劇（とんでもドラマ）」について説明したいと思います。抗日ドラマはローコスト、ローリスクハイリターンの投資であり、中国では政治的にも正しいので、政府の検閲を通りやすい。中国の高圧的な文化政策、そして新奇なものを求める市場のニーズから、日中戦争をテーマとした作品が過度に作られています。

中国の大部分の抗日ドラマはエンタメ目的が教育目的よりも大きく、イデオロギーの政治宣伝目的が歴史を反省する目的を上回っています。

大部分の抗日ドラマは、ある基本的な価値観を代表しています。つまり、中国人にとって戦争の正義は、すべてを上回るということです。抗日ドラマは平和の時代における中国の「大本営発表」です。客観的な戦争の歴史や事実を無視し、政治理念を宣伝し、視聴者の低俗な趣味に迎合し、世論誘導やイデオロギー統制を行うための道具なのです。

最近の抗日ドラマを見ると、奇怪なあらすじが登場します。たとえば「素手で日本兵を真っ二つ」「（美女が）下着のなかに手榴弾《しゅりゅうだん》を隠し持つ」「手榴弾で日本軍機を撃墜する」などで、視聴者の笑いを呼んでいますが、本当の戦争ドラマは奇抜《きばつ》なあらすじは必要ないのです。

優れた戦争映画は観衆に戦争は人が死ぬものだ、人間は生まれつき死を恐れるものだ、それゆえ平和こそが最善の生存の道だという、当たり前の道理を教えてくれるものです。エンタメやお笑いがいけないということではありませんが、理性が受け入れる範囲を上回ったら、視聴率と金銭のために粗製乱造される「神劇」になってしまいます。

昔の抗日ドラマは、真実を伝えていました。中国軍は劣勢のなかで日本軍と戦い、迎え撃ったという、日中戦争の重要な歴史の参考資料でした。ですが近年のいわゆる抗日神劇では、共産党軍の対日作戦での勇ましさ、恐れを知らず智慧《ちえ》に長《た》けた様子が強調され、さらには一部の神劇では、共産党のゲリラ部隊が完全武装した日本陸軍の師団を迎え撃ち、中世のレベルの密集突撃で日本軍を完膚《かんぷ》なきまでに打ち破るのです。

このような「歴史感のなさ」は、でたらめなシナリオだけでなく、使用する武器など、時代考証にも表れています。少佐が少将の軍刀を持っているなどはいいほうで、ある抗日ドラマでは、日本軍は旧ソ連のT54戦車に乗り、中国軍人はAK47自動小銃を使っています。日本軍の軍服もデタラメで、旭日旗《きょくじつき》には「小泉純一郎」や「武田信玄《たけだしんげん》」などの名前が書かれています。

私たちは、中国軍の装備や資質、そして兵士の戦闘力が、日本に劣っていたことを知っています。こうした状況で日中戦争が八年も続いたのは、中国軍が強かったからではなく、中国の面積が広すぎたからです。さらには一九四一年に日本が米国と開戦したことで、あのような結果になりました。ところが抗日ドラマの監督は、中国が日本を打ち負かしたのは完全に中国自身の功績だと考えています。

このような歴史表現は、若者をして、戦争は恐ろしいものではない、戦争に行きたい、と思わせるでしょう。ですが、本当に戦争を体験した老兵は抗日ドラマに反感を持っており、彼らは、抗日戦争は非常に苦しかった、戦争は残酷だ、このようなドラマは若者が正しい歴史観を持つうえでまったく役に立たない、と批判しています。

こうしたデタラメな事実描写や時代考証で、当局が民族主義の価値観を宣伝していることについて、私はとても心配しています。

中国と日本の戦争ドラマを比べてみましょう。中国の抗日ドラマはたいてい次のようなものです。二〇代の若者が爆弾で日本軍のトーチカを破壊し、隊長や若者の両親は彼とその戦功を誇りに思う——。

日本の『永遠の0《ゼロ》』の主人公は神風特攻隊に入りますが、出陣前には、生きることへの渇望や未来への憧憬《しょうけい》を見せます。「将来の日本はどのような国になっているだろう」という言葉のあとに、画面が、現在の日本へと切り替わるのです。

政府と民族の熱狂のなかで戦功をあげる若者、死を恐れ未来に憧れながらも特攻に向かう若者……二種類の作品は、まったく異なる価値観を表現しています。

## 「精日」は中国発展モデルの結果

**問**：いわゆる「精神日本人」について、どのように考えていますか？　特に戦争遺跡で写真を撮る人は、どのような考えを持っていると思いますか？　政府が「精日」に汚名を着せることについてはどう思いますか？

**松平**：「精神日本人」は様々なパターンがあります。中国の民主派や人権派で、日本をお手本として中国の政策と比較したことから、当局からレッテルを貼られてしまった人。日本の伝統文化や現代文化が好きな人。あるいは、それまで当局の宣伝に影響されて日本を偏見の目で見ていたのに、実際に訪問してまったく見方が変わってしまった人。さらに、日本がかつて東アジアの黄色人種として欧米の白人と対等に戦ったことを高く評価する民族主義者……彼らが「精神日本人」のなかで最も危険な部類なのですが。

私の「精神日本人」への態度は、彼らの選択を尊重することです。なぜなら、私自身も同僚や家族から「精神日本人」と見なされているからです。

なお、戦争遺跡の前で写真を撮る行為は、中国当局への一種の不満の表現だと思います。つまり彼らは、当局や民族主義者をわざと刺激するやり方を採って、社会に反対者がいることを知らせようとしているのです。私は彼らの行動を道義的には支持しますが、基本的には反対しています。なぜなら、共産党の政策は、反対者の声によって変わることなどないからです。三〇年前（の天安門事件）に人々は政府を変えようと試みましたが、その結果は血の海でした。

政府が「精日」に汚名を着せる理由は、彼らが日中両国を対比すると、政府の無能さや腐敗が分かってしまうからです。「精日」だけでなく、「精神米国人」なども同様に扱われ、「海外勢力の代理人」というレッテルを貼られています。

さらには、中国政府の外交政策があまりに軟弱だと考える人もいます。彼らはかつての日本のように欧米列強と対等に振る舞うことを望んでいますが、中国政府は彼らを満足させられないばかりか、彼らから搾《しぼ》り取ったお金をアフリカなどの国にばらまいています。こうした感情を発散できないため、彼らは日本軍の軍服を着るのです。

彼らは当時の日本ができたことは、現在の中国もできるはずだと考えています。こうした人間は「精日」のなかで最も危険です。なぜなら彼らの目的は愛好や趣味ではなく、さらに極端な政権を樹立することであり、世の中が乱れようがお構いなしだからです。彼らの共通点は非常に貧しいこと。彼らが日常的に触れる知識の大部分は政府による洗脳や宣伝です。

**エーコ：**「精神日本人」は大きく分けて二種類います。一種類目は、現在の日本やその文化が好きなだけという人。二種類目は、大日本帝国時代、さらにもっと以前の日本と連帯したいという人です。

一種類目を理解するのは簡単です。誰もが自分が好きな国や文化を持っているからです。二種類目はさらにいくつかに分かれます。まず、第二次世界大戦は日本が黄色人種を代表し、白人に屈服すべきではないとの思想で戦ったと考え、さらには、あの時代の「苦しみのなかに楽しみを求める」のような東アジア特有の美学に共鳴する人です。そして、もう一つは当時の日本ファシスト政権が謳《うた》った大東亜共栄圏を支持する人です。

「日本が好き」というのは審美的な感情であり、その自分たちの好みゆえに「精日」と汚名を着せられました。ですが、「精日」という言葉に汚名を着せるべきではありません。世界にはA国にいながらB国が好きだという人は大勢います。そのことで彼らを「非国民」と呼ぶことはできません。

彼らは政府が日本を誹謗《ひぼう》することを嫌っています。彼らのなかの日本旅行の経験者は、日本の街並みやサービスなどが中国とあまりに懸け離れているのを見て、中国の「日本を恨む教育」に嫌悪を強めているのです。

---

「精神日本人」とは、中国の社会・政治・文化の発展モデルの必然的な結果だと思います。中国政府の一党独裁、腐敗、そして権力闘争がもたらした社会の不安定化や、文化面での専制、さらには単一のイデオロギーによる思想の独占に、自由や平和を愛する多くの若者は、

嫌悪感や反発を覚えています。その結果、七〇年前はアジア最大の軍国主義国家だったが、現在は憲政（憲法に基づく民主的な政治）が最も成功し、文化が最も発展した国、つまり日本へと、彼らの目が向けられるのです。

彼らは日本の平和憲法を高く評価しており、日本は真実の平和国家を実現したと考えています。米国やロシアは武力を持っていますが、日本は武力を行使せずに高度な発展を成し遂げたのですから、日本は理想的な国に見えるのです。

さらに言えば、中国では、自分たちの社会に問題が起きるたびに、日本を使って大衆の視線を逸らせようとします。このやり方をあまりに用い過ぎたので、人々から疑問の目が向けられるようになりました。二〇一八年夏の偽ワクチン事件のあと、あるネット評論員が、日本でもワクチンが不合格になったことがあると書き込みましたが、多くの人から批判を受けました。

「精日」の反対語は「仇日《きゅうにち》」（日本を憎む）ですが、私が知っている「仇日」は、日本が中国に政府開発援助（ＯＤＡ）を行ったことを誰も知りません。そして東シナ海で日本の海上保安庁が中国漁船を救助した事件（二〇一六年八月）などに関心を持っている人もいません。

軍服について言えば、中国の漫展（アニメコンベンションで、コスプレイヤーも多数参加する）には奇妙な現象が起きています。このなかでドイツ軍のコスプレをする人は日本軍よりも多いのですが、多くは民族差別を行ったSS（ナチス親衛隊）の軍服を着るのです。こうした行為は欧米では禁止されています。

私は表現の自由を制限することにそもそも反対ですが、ユダヤ人を虐殺したSSの軍服が許されるのに、中国の戦場とあまり関係がなかった日本海軍の軍服が駄目だというのが理解できません。

中国での軍服事件は、中国政府への反抗を体現しています。つまり、中国政府が個人の服装の自由に干渉することへの反抗です。

軍服のコスプレについては、以前は中国でも黙認されていました。ところが最近では、軍服を着て漫展に入場することが禁止されるようになってきました。その理由の一つは前述の軍服事件であり、もう一つは、ある漫展で中国の平和維持活動（PKO）部隊の服装をしたコスプレイヤーが日本の漫画（「ご注文はうさぎですか？」という作品）のコスプレをした女の子に跪《ひざまず》いている写真が、ネットで広まったためです。

こんなことは日本では笑い話で済むでしょうが、何事も政治と結びつけたがる中国では、軍人のイメージを侮辱《ぶじょく》したと見られてしまいました。こうしたことから主催者は、一切の軍服を禁止するようになったのです。

## 平和憲法を危惧する「精日」

**問**：日本の他の分野に興味はありますか？　現在の日本について、どのように考えていますか？

**松平**：私は日本の戦国時代と幕末が大好きで、かつての武士の文化に非常に興味がありま す。現代日本の優れた点は、平和憲法のもとアジアで唯一の先進国となったことです。高いレベルの所得と社会福祉を維持し、素晴らしい環境と昔からの文化を守っているため、多くの人が日本を訪れ、その風土や人情を味わっています。日本社会の雰囲気も礼儀を重んじるというもの。公共の秩序の面で日本は、世界に比べる国がありません。

欠点を言えば、平和憲法に過度に依存していることです。虎視眈々《こしたんたん》と日本を狙う西の隣国がいるにもかかわらず、過度に遠慮していませんか。憲法第九条は戦争を発動する権利を否定しましたが、自衛能力まで譲ってはなりません。

最近になって多くの中国人が日本の文化や社会を好きになったのは、政府が二〇年来、東の隣国に悪意ある宣伝をし続けた結果、宣伝そのものが疲弊したから。加えて、社会の乱れに対する怒りも理由として挙げられます。彼らは日本という非常に素晴らしい理想的国家を見つけ出した、ということです。

――ただ、彼らのような考えを持つ人は、やはり現在の中国社会では生きづらいのではないでしょうか。エーコさんはその後、カナダに留学する道を選びました。松平さんの「精日」ぶりも、会社ではあまり良く思われていないそうです。我々日本社会は、彼らのような人々が疎外感を感じずに生活できるような受け皿となるべきだ――これが私の持論です。

## 日本に帰化したある母親の思い

「小木犀花《しょうぼくさいか》」さん。「まえがき」でも紹介した彼女を知ったのは、微信の投稿でした。ペンネームで日中関係や日本の歴史や社会について、中国当局やメディアのステレオタイプな批判とは違った見方をしていたので、関心を持ちました。飛鳥さんとも知り合いとのことで会ってみると、江蘇《こうそ》省生まれの「七〇後」、清楚な美人でした。彼女からも色々な話を聞きました。

「一九八〇年代の子供の頃、日本のアニメを観て育ち、『一休さん』や『ジャングル大帝』が好きでした。九〇年代後半に上海外国語大学を卒業後、日本に留学し、東京大学や大阪大学で法学を学びました。

日本人男性と結婚し、現在は三人の子供を育てながら、在宅で法律関係の仕事をしています。育児や仕事の傍《かたわ》ら、微信の公衆アカウント（一種のメールマガジン）で一年くらい前から文章を書いています。内容は歴史や現在の日本についての考察で、これまでに三十数本を発表しました。自分の書いているグループは近代史に関心のある三〇～四〇代の中国人で、中国の歴史教育や歴史観に偏《かたよ》ることなく、より中立的で客観的な立場から歴史を理解しようとする共通認識を持っています。

原稿を書く際には、図書館で資料を調べるなどしてから書きます。仕事や子育てをしながらなので大変ですが、読者からの声が励みになっています。

私が歴史問題や日中関係について発言しなければならないと感じたのは、子供が一歳のとき中国の実家に戻り、ある事件に遭遇したことがきっかけでした。中学時代の友人と食事をしたとき、そのなかの一人が共産党についての批判を始めたのです。ところが、そこにいた共産党の地元幹部が、それまで黙っていたのに突然、日本批判を始めました。日本とはいつかまた戦争をしなければならないといった主張で、日本で暮らす自分にはまったく考えられない、でたらめな議論でした。

共産党員は、自らへの批判を受けて政治的に不安定な状況が生まれると、日本を叩くことで、その批判をかわそうとする傾向があります。日本を悪者にすることは、常に好都合なのです。

ですが、このようなことが続く限り、自分の子供たちは永久に中国からの戦争の脅威にさらされることになるでしょう。その問題の根源には、中国の人々の歪んだ歴史認識や、日本に対する見方があります。

共産党は一九四九年の建国以降、国民に対し様々なひどいことをしてきたので、いまや共産主義を信じる人はいません。だが共産党は政権を維持するために、愛国主義を国民に植え付け、そのために日本批判を必要としています。

ですが、日本訪問の経験がある人、日本企業と付き合いのある比較的豊かな層には、反日は少なく、むしろ『精日』が多いです。しかし一方で、貧しい層は反日から抜け出せません。

自分の身の回りにも、日本訪問がきっかけになって見方を変えた人が多いです。姉の同僚の男性は、それまでは反日だったのが、日本への二週間の旅行のあと見方が一八〇度変わり、まったく悪口を言わなくなりました」

**曽祖母は日本人**

さらにいくつかの問題について聞きました。

**問**：日本について、子供の頃は、どのような印象を持っていましたか？　家族は、どのように日本について語っていましたか？

**答**：日本については、物心のついた頃、中国の抗日戦争映画のなかの凶悪で醜い「日本鬼《リーベングイ》子《ズ》」というイメージが強かった時期もありました。でも、戦争に関するものが嫌いでしたので、あまり観ようとしませんでした。記憶がよりはっきりとした頃になると、日本アニメのなかの可愛いキャラクターや、日本ドラマのなかの素敵な女性、たとえば山口百恵さんが印象的でした。

私の母方の曽祖母《そうそぼ》に当たる人が日本人でしたが、そのことについて子供の頃、私は知りませんでした。

私は四歳の頃、祖母と母に一回だけ、曽祖母の家（安徽《あんき》省蕪湖《ぶこ》市）に連れていかれたことがあります。長い旅だけが記憶に深く残りました。当時は元気だった曽祖母の笑顔は、よく覚えています。優しくてきれいな人でした。

当時、村の子供たちはおろか大人でも、汽車に乗って遠くに旅する者はほとんどいませんでしたから、私は羨望の的になっていました。経済的な余裕がなかったからなのか、姉妹や従兄弟のなかで連れていかれたのは、私一人だけでした。

高校時代、祖母は寝たきりになり、私に出自を話したことがあります。が、祖母は日本に来たこともなく、日本語もほとんど話せず、自分のことを普通の中国人だと考えていたようです。曽祖母や祖母のことゆえに日本という国が何か特別な存在だということは、私の場合、ほとんどありませんでした。

**問**：日本に来たきっかけは何でしたか？　中国での大学時代、日本や日本語について学んでいましたか？

**答**：大学は、上海外国語大学の日本語クラスに在籍していました。三年時から日本人弁護士のいる法律事務所でアルバイトをし、その日本人弁護士から日本語や日本のことについて、様々に教わりました。その日本人弁護士の熱心な仕事ぶりと誠実で温かい人柄は、私にとって、非常に衝撃的でした。あれだけ完成度の高い人間がいることを、それまでの私は想像することができませんでした。その日本人弁護士の勧めで就職活動もせず、卒業後すぐ、日本に留学しました。

## 経済的に豊かな人は日本に好意的

**問**：現在の日中関係について、どのような考えを持っていますか？　特に政府レベルでは、一定の関係緩和の動きがありますが、国民感情など民間レベルではどうでしょうか？

**答**：いまの日中関係は、共産党による長年の日本たたきはありますが、経済的な相互依存もあり、急速に良くなることも悪くなることもないと思います。

最近、政府レベルでは、日本に対して態度の改善が見られます。これは、おそらく二〇一八年に入って米中間に熾烈《しれつ》な貿易摩擦が起こり、技術的に米国からシャットアウトされそうになって、ある程度は代替性のある日本の技術を重視せざるをえないからだと思われます。

国民感情についてですが、中国は各階層間に経済的な格差が非常に大きく、また日本と何らかのつながりや接触があるのとないのとでは、関心度と見方は大きく異なります。個人差はありますが、一般的にいうと、経済的に豊かな人ほど、日本に対して好意的といえます。

**問**：中国人の日本への認識は、これからの数年で変化が生まれるでしょうか？　特に中産階層は日本への旅行を通じ好意的な見方をする人が増えているようですが、どのように感じていますか？

**答**：ここ数年、観光ビザの緩和で、訪日する中国人は劇的に増え、日本に好意的な中国人はかなりのスピードで増えていると思います。二〇一八年の春、共産党省レベルの幹部の妻で、日本に関しては歴史問題で非難ばかりしていた知り合いの四〇代の女性が、個人旅行で初めて来日しました。わずか数日の滞在で、彼女は、日本に対する考え方が大きく変わったようです。

そして東京都内で私と一緒に地下鉄に乗ったときには、「日本は本当にきれいで静かなところね。あまりたくさんの中国人が押しかけてきたら、せっかくの美しさと静寂《せいじゃく》さが台なしでしょ。だから私は、中国人にはたくさんは来てほしくないわ」と言っていました。

**問**：中国の人にとって、日本の魅力とは何ですか？

**答**：日本の空気や水などの環境の良さ、治安の良さは、おそらくすべての中国人の羨望の的だと思います。中国の庶民の目には、日本の国民健康保険制度などの社会セーフティネットも、とても魅力的に映るようです。また富裕層の多くは、日本のサービスの良さを気に入っているようです。留学生にとっては、学費が欧米よりかなり安いという魅力もありますね。

**問**：微信での執筆内容は、歴史問題や日本社会についてなので、中国側の誤解を解く内容が多いと思いますが、実際に読者の反応はどのようなものなのでしょうか？　また今後は、どのような方面の文章を書いていきたいですか？

**答**：批判をたくさん受けましたが、励ましもたくさんもらいました。私の文章を読んで、微信で直接交流したい、友達になりたい、出張や旅行の際に会いたいという読者が数多くいます。今後も勉強して、少しでも多くの新しい事実や見方を紹介し、誤解を解いていきたいと思います。

## 植民地や戦争への謝罪は日本だけ

**問**：いわゆる「精神日本人」について、どのようなお考えを持っていますか？「精日」に対し中国政府やメディアが悪いイメージを植え付けたようですが、それに代わる別の言葉があるとしたら、どのような言葉が適切でしょうか？ご自身を形容するとしたら、「精日」ですか、それとも「知日」ですか？

**答**：まだ少ないですが、精神的なレベルで日本に共鳴する人が増えていることは、良いことだと思います。響きの悪かった言葉が、やがて心から受け入れられる面白い現象もあります。たとえば、以前は、「漢奸《かんかん》」（売国奴）は大変な汚名で、非常に侮辱的な言葉だと思われていたのですが、しかし現在の民主派・自由派の中国人のあいだでは良い言葉ととらえられ、自分自身に対して、喜んで使う人が増えています。

私自身は、人にどのような言葉を使われても気にしません。ただ、「精日」と「知日」は、私の認識では、いずれも日本人以外の人に対して使う言葉です。しかし私は、自分は「日本人そのもの」だと思っています。もちろん、日本生まれ日本育ちの日本人とは異なりますが、社会生活においては、周りと違う人間だという認識はありません。

私は来日して一〇年目に日本国籍を取得しました。あらゆる面において、日本国籍でなくても不利益な扱いは受けません。それでも帰化の手続きをしたのは、日本に対する愛着があり、自分はすでに日本人になっていると思い始めたからです。

ですので、私は、自分は「精日」でもなければ「知日」でもないと思います。もちろん今後も、日本のことを含め、あらゆる知識について、もっと知りたいとは思っています。

ここで彼女が微信に発表した文章の一つを紹介します。やや長文ですが、「精日」事件のきっかけとなった「軍服事件」についての意見を述べたものです。

「戦時中の日本軍軍服を着ると中国人の感情を傷つけるのか？」

多くの中国の友人は、ドイツは法律によってナチスのマークを禁止し、ヒトラーの美化を禁止している。ではなぜ日本にこのような法律はないのか、これは日本の歴史への反省が深刻ではないからではないか、と言う。確かに日本は法律によって日本軍の軍服を禁止していないし、戦犯や戦争についての言論を、法律によって禁止していない。

歴史への反省は二つのやり方があり、一つはドイツのように禁止することだ。もう一つは米国や日本のように、社会、教育、道徳に任せ、各方面に自由に意見を表明させせ、大衆からの批判を受けさせるやり方だ。

米国や日本のやり方は、次のような認識に基づいている。つまり情報が自由な社会では、歴史に関心のある人は自然と歴史上の事実について理解し自ら判断を下すものであり、もし情報の自由が保障され大部分の人が理性的であれば、法律によって禁止する必要はない、ということだ。

表現を禁止することは人々の理性的な判断を信じていないことになる。どちらのやり方が理にかなっているだろうか。私個人は米国や日本のやり方が好きだ。だが、中国がドイツ式を採用するのに反対しない。これは内政の問題で、中国人が自分で決めることだ。

多くの友人は、歴史問題への反省について、日本の態度はドイツほど誠実でも深刻でもないと言う。私もこのような見方に反対はしない。だが同時に、このような見方をする人も、次の三つの点について理解してほしい。

第一に、同様な反省の前提は、同様な罪を犯したか、ということだ。ニュルンベルク裁判では、ドイツは人道に対する罪で裁かれた。だが東京裁判では、日本への人道に対する罪は成立しなかった。この点は非常に重要だ。

ドイツの首相は、かつて跪《ひざまず》いて謝罪したが、それは戦争への罪ではなく、反人類の罪への謝罪だった。彼はユダヤ人が虐殺された記念館で、ホロコースト政策と行為に対して謝罪したのであり、ドイツ国内では必ずしも良い評価ばかりではなかった。ドイツは戦争を始める前にホロコースト政策を始めており、日本にはこのようなことはなかったことが、東京裁判で確定している。

植民地や戦争に対して謝罪したのは、歴史的には日本だけだ。第二次世界大戦の前後に、英米仏蘭はアジアに植民地を持っていたが、日本を除けば、植民地について謝罪した国はない。第二次世界大戦後も、多くの国が国際紛争を解決する手段として戦争を発動したが、日本を除けば、戦争に対して謝罪した国はない。

日本は歴史問題について、社会の主流や政府も、東京裁判の結果を覆《くつがえ》そうとしてはいない。多くの人が、当時の裁判が「罪刑法定主義」「刑事法の不遡及《ふそきゅう》」など法学の基本原則から見て勝者による政治的な裁判であり、中立な法的裁判ではないと見ている。が、日本政府や社会にとっては、東京裁判は、日本が連合軍による占領を終わらせて国際社会に回帰する条件だった。政治的な妥協として、日本はこの条件を受け入れた以上、少なくともこれをひっくり返すことはできない。

歴史的な罪が異なれば、歴史的責任も異なる。それゆえ、何かにつけてドイツと日本を比較する人は、この点について基本的に理解してほしい。さもなければ日本の右翼から誤りを正され、中国人が最も愛するメンツを失ってしまうだろう。

第二に、戦後賠償の点で、ドイツの賠償は被害者個人に対するもので、その比率が最も高かったのが、ドイツ人だった。戦争の相手国に対し、ドイツは賠償をしていない。この点について、ポーランドなどとドイツでは争いがあり、数年前にも財政危機に陥ったギリシャが賠償を求めたが、ドイツは一笑に付している。

一方、日本の戦後賠償は、戦争相手国に対する賠償であり、賠償を放棄した国を除けば、日本は相手国に賠償をしている。戦勝国や旧植民地に対しては海外資産を放棄（朝鮮：約七〇二億円、台湾：約四二五億円、中国東北部：一四六五億円、華中、華南、華北の計：約九二一億円……計約三七九四億円）、次に国家賠償で、ミャンマーに二億ドル、フィリピンに五億五〇〇〇万ドルなど、計一〇億一二〇八万ドル、英米中などは賠償を放棄した。

日本は戦争の相手国だけでなく、韓国のような戦争相手国でない国に対しても、将来の友好関係のため、植民地時代の朝鮮半島への投資を回収しなかった。それだけでなく、一九六〇年代の「日韓基本条約」により、無償三億ドル、有償二億ドル、民間借款《しゃっかん》三億ドル以上を提供した。このお金の大部分は、日本はドイツ同様、直接被害を受けた個人への支払いを希望したが、韓国政府は反対し、韓国政府が分配することとした。日本は妥協し、すべてを韓国政府に任せたが、韓国はこれを被害者個人に支給せず、国家のインフラ投資に用いた。現在、韓国国民は、日本が彼らに賠償していないと批判し、これが日韓のあいだの争いとなっている。

第三に、戦後の日本とドイツは、戦争に対する反省が異なる。ドイツはナチスのマークを禁止するなど、彼らとしての反省を表明し、普通の人民とナチスを分けて考えた。ヒトラーやナチスは有罪であり、彼らを批判することこそが反省であり、人民の大部分は善人だったとした。ドイツは確かにヒトラーやナチスを批判したが、これは自分たちが無実で政治的に正しいことを体現しているのだ。

今日、ドイツと日本の戦争への態度は、明らかに異なる。ドイツは海外に派兵し、武器を輸出しているが、日本は海外の実戦にも参加しておらず、武器も輸出していない。両国のどちらが戦争への反省が深刻だったか……私は日本のほうがより深刻だと考える。批判したり禁止したりするよりも、実際の行動を見るべきだ。

法律によって日本軍の服装を禁止し、他の服装やマークによる表現を禁止することについては、私は慎重である。どのような服を着るかという表現の自由は最大限度に尊重されるべきであり、さらには、表現、言論、出版の自由がない状況で、何が真の国民感情かは、判断ができないからだ。

「表現、言論、出版の自由がない状況で、何が真の国民感情かは、判断ができない」という指摘は、まさにその通りです。中国政府やメディアは「中国人民の感情を傷つけた」という言葉をしばしば日本などを批判する場合に使いますが、そもそも限られた情報しか与えられず、自由な発言の場が奪われた社会では、世論も当局の情報操作によって形作られることが多いのです。法的な面から解説しているなど、専門知識も動員し、説得力がある内容だといえましょう。

こうした骨の折れる、しかもしばしば削除されることもある文章の執筆を、彼女はまったく金銭的な見返りを求めず、続けています。中国の人々を相手に、日本について真実を伝えたい、そのためには自分にできる限りのことをしたいという彼女を、応援していきたいと思います。

## 旅行した人はみな日本が好き

私が「精日」を含め中国のさまざまな問題について意見を聞くことが多いのが、自分と同じ「六〇後（一九六〇年代生まれ）」の女性、Xさんです。上海から比較的近い地方都市の政府職員であり、名前などを出すことはできませんが、日本の演歌が好きだという変わり者の元気なおばさん（失礼）です。

娘さんは日本に留学しており、来日の折には伊豆半島をドライブするなど、一緒に旅をしました。彼女を「精日」に入れて良いのか迷ったのですが、何より彼女自身が以下に語る日本への深い思いに鑑《かんが》み、「精日」の一人として紹介したいと思います。

**問**：あなたは日本文化が好きですか？　もし好きならば、どのような面ですか？　反対に好きではない部分もありますか？

**答**：私はもちろん日本が好きです。日本に行ったことがある人で、日本を嫌いだという人を聞いたことがありません。

一九八〇年代の改革開放を経て、歴史や現実を見つめ直すなかで、国家主義に欺《あざむ》かれた自我を徐々に取り戻し、私は心の鎖が解かれました。そして、魅力的な文学、映画、ドラマ、そして一度聞くやいなや私の心をつかんでしまった演歌など、多くの人が日本文化を好きになりました。日本は中国に投資や援助を行いましたが、我が国の政府は、日本の援助について、人民に教えようとしませんでした。

共産党は一九八九年（の天安門事件）のあと九〇年代に入ると、統治の合法性を守るため、大規模な反日宣伝を始めました。これは八〇年代の中日友好の基調とは反するもので、その落差が極めて大きく、彼らがあまりに日本に泥を塗ろうとするので、私の好奇心はかえって刺激されました。日本は我が党が描くほど邪悪で恐ろしいのか、逆に知りたくなりました。

初めは宣伝が成功したので、心のなかで日本人と殺人犯は同義語でした。実は初めて日本人を見たとき、恐怖を感じたくらいです。もちろん、あなたのような日本人を知ったことで、日本への認識を深めることができましたが。

一九八〇年代の全人民を挙げての親日の風潮、そして九〇年代に入ってからの真逆の反日宣伝……その経験から、多くの人が独立した思考能力を持つようになり、宣伝を妄信しなくなりました。よって、ここ数年の反日宣伝は、やろうとしてもやれなくなっています。おそらくそれは、人々が日本を理解し、好きになり、さらには宣伝部門に反感を持つようになったからでしょう。私自身も、このような精神的な遍歴を経ています。

日本の良さはどこにあるか？　物事を計画的、規則的に進め、人々の礼節のレベルが高いことです。日本の人々は、これまでドキュメンタリー、小説、テレビドラマ、そして映画で観たのと同様に、礼儀正しく、温かい人情があり、見知らぬ人であってもお辞儀をします。これは、中国の古典小説や武俠《ぶきょう》小説でしか見られない驚くべき光景でした。

そして、公衆の面前で大声を出したり、電車のなかで電話で話したりしません。日本に旅行した一二日間、私も努力しましたが、弱肉強食社会から来た人間は、多くを学ぶ必要があります。

さらに日本は多党制国家であり、軍隊（自衛隊）は国家化しており（筆者注：中国の人民解放軍は共産党の軍隊であり、国軍ではない）、メディアには公権力を批判する権利があり、政府の権力も制限を受け、民衆には安心感があり、社会に活力がある……このような社会が羨《うらや》ましいです。

日本に悪い点がありますかって？　見つかりません。日本の友人は、あまり他人に対する批判が好きではないようですが、これは日本の伝統ですか？　報道で、一部の日本人が中国人が好きではない、さらには嫌悪していると知りましたが、この気持ちは理解できます。心のなかで日本から学びたいという「精神日本人」が、こうした状況を徐々に変えてくれるのを待つしかありません。

**問**：日本の歌謡曲が好きになったきっかけは？　どのように聴いているのですか？

**答**：日本の演歌が大好きです。演歌は日本の伝統的な歌唱方式で、長年の蓄積を経た生命力を持っています。悲しみなど様々な思いを打ち明け、字幕を見ると、その内容が理解できます。初めは台湾の歌手による台湾語の歌を聴いていましたが、日本の原曲はきっと素晴らしいだろうと思い、中国の蝦米網《シャーミーワン》（音楽サイト）やユーチューブなどで、多くの日本の歌手や彼らの名曲と出会いました。

なかでも五木《いつき》ひろしさんが最も好きな人です！　彼のほとんどすべての曲や動画、さらに台湾での記者会見の様子もダウンロードしています。また、二〇一二年に娘が日本に行ったときには、彼女に頼んで東京郊外でのコンサートに行ってもらい、その様子を教えてもらいました。その盛り上がり方は、すごかったようですね。

お気に入りの日本の歌手は、ほかにもいます。石原裕次郎《いしはらゆうじろう》さん、小椋佳《おぐらけい》さん、森進一《もりしんいち》さん、美空《みそら》ひばりさん、藤圭子《ふじけいこ》さん、千昌夫《せんまさお》さん、村田英雄《むらたひでお》さん、島倉千代子《しまくらちよこ》さん、伍代夏子《ごだいなつこ》さん、石川《いしかわ》さゆりさん、徳久広司《とくひさこうじ》さん、加門亮《かもんりょう》さん、徳永英明《とくながひであき》さんなど、たくさんいます。二〇一七年に日本に行ったとき、ＮＨＫホールでの小椋佳さんのコンサートに行ったら、五木さんも出演していました。まさに一挙両得でした。

日本文化への関心は、ほかにもたくさんあります。たとえば、シンプルさが魅力の無印良品、優雅な日本舞踊《ぶよう》、日本建築などです。

**理想を実現させるため娘を日本に**

**問：**一人娘を日本に留学させましたが、それはなぜですか？　娘さんはお母さんの影響を強く受けたと言っています。

**答**：それは私の理想を実現させるためです。そして彼女に我々の教科書や宣伝が事実ではないこと、そして日本に濡《ぬ》れ衣《ぎぬ》を着せてはならないことを知ってもらうため、本当の日本を理解してもらうためです。私は彼女に自分が知った真実の歴史を伝えました。学校や社会の憎しみに満ちた宣伝に汚染されないようにしたつもりです。たとえば、日本人や軍隊がどのような状況で中国に来たのか、戦争下での真相などです。彼女が事実を探求する姿勢を身に付け、歴史を客観的に探求し、宣伝を妄信しない人間に育ってほしいのです。

**問**：あなたの周囲の人は、あなたの日本好きに対して、どのような見方を持っていますか？日本について批判したことはありますか？　それに対して、どのように説明しましたか？

**答**：中国では政府が日本に汚名を着せるなか、政府機関では、日本文化が好きだと公にすることにはリスクがあります。ただ一般には、高等教育を受けた三〇～五〇代の人々は、親日家を黙認あるいは許容しています。娘を日本に留学させたのも、自分が親日家だと証明したことになります。プライベートな集まりでは、日本製品や日本関連のニュースについて意見を交換することもあります。

ですが、オフィスビルの清掃員とたまたますれ違ったとき、彼女に「日本人は大悪人だ、多くの中国人を殺した」と、不満や怒りをぶちまけられたことがあります。彼女は私のような親日家が中国にいることが信じられず、道に外れた感情だと考えているようです。

ただ、こうした人たちに説明しても、まったく意味がありません。彼らが受けた宣伝や抗日神劇（とんでもドラマ）の影響は、非常に強いからです。道理を説くことができる人には道理を説きますが、自分の考えに固執している人には沈黙するしかないのです。

## 日本はアジアの灯台で憧れの場所

**問**：あなたは日本が好きな中国人が増えていると思いますか？　だとしたら、その原因は何でしょう？

**答**：日本好きの中国人は現在、ますます増えています。それは、日本文化の感化力が強いから。そして中国が対外開放を進めているからです。日本と中国の交流は密接であり、日本へ留学や旅行に行く人が増え、日本は素晴らしいという印象を持って帰ってきます。たとえ中国政府が日本に濡れ衣を着せようとしても、民衆は、それを信じなくなっています。それどころか、私が微博で見るコメントのほとんどは、中国政府が日本を批判することを批判するもの。それに対するコメントも日本を擁護するものが大多数で、政府の面目は丸つぶれになっています。

**問**：全体的にいって、日本はどのような存在ですか？

**答**：自由と民主があり、傲慢《ごうまん》でも卑屈でもない日本は、アジアの文明を代表して世界に立脚し尊敬を受けています。日本はアジアの灯台であり、世界の人々が憧れる場所なのです。ここまで書くとちょっと「偉光正（偉大、光明、正確。共産党を称賛する言葉）」過ぎるでしょうか（笑）。

彼女の誘いを受けて、数年前、中国の江南地方を旅行したことがあります。あいにくの雨天続きでしたが、鑑真和尚《がんじんわじょう》の出身地としても知られる古都・揚州《ようしゅう》を散策しながら、日本とのつながりを感じました。

Xさんと私の友情のように、政治やイデオロギーに影響されない、日本と中国の人々の交流が盛んになることを願っています。彼女には、これからも、演歌をはじめ日本の魅力にどんどんハマってもらいたいものです。

## サムライブルーで現れた若者たち

「中国に日本サッカーの熱烈なファンがいる」――この話を最初に教えてくれたのは、前述の飛鳥さんでした。彼が送ってくれた写真には、上海の日本料理店で、日本代表のユニフォームを着た中国の若者がずらりと並んでいる様子が写っていました。二〇一八年六月、ロシアで開かれたワールドカップの初戦、日本対コロンビア戦を応援するために集まった人々の写真でした。

私の脳裏に浮かんだのは、二〇〇四年夏、北京で行われたアジアカップ決勝で、日本が中国に勝利したときのことです。会場を埋め尽くした中国ファンが、試合後、日本の国旗を燃やしたり、日本大使館の車に投石したりしました。こうした乱暴な行為が日本でも大きく報じられ、その後、何度となく繰り返された反日デモの先駆けになった事件でした。

……あれから十数年、中国の若者が日本代表のユニフォームを着て日本を応援するなんて、あまりの違いに当惑するほどでした。

「会ってみたい！」――微信を通じて彼らのアカウントを教えてもらい、すぐに何人かの日本サッカーファンと連絡を取ることができました。こうして二〇一八年夏、上海の日本料理店で待ち合わせをしました。

ところが、あらかじめ店の住所を確認していなかったため、私はまったく別の場所に行ってしまい、一時間近く上海の街中をさまよう羽目《はめ》になってしまいました。途方にくれた私が「いま〇〇にいるが、もう疲れた」と微信でメッセージを送ると、「そこで待っていてください、いまから向かいます」との返事があり、間もなくすると、日本代表のユニフォームを着

上海の日本料理店で盛り上がる日本サッカーのファンたち

た四人の若者が、息を切らしながら走ってきました。

汗だくの彼らに「申し訳なかった」と言うと、「気にしないで、こっちも悪かった」と、不満一つ言うわけでもありません。ようやく入った日本料理店で待っていたのは、焼き鳥を肴《さかな》にビールを飲みながら、日本代表の応援歌を大声で歌い出す、陽気な若者たちでした。

私が微信に彼らが掲載したユニフォーム姿の写真を本に載せていいかと聞くと、「いいですよ」と快諾《かいだく》。念のため「顔にモザイクを掛けたほうがいい？」と聞くと、「そんなことする必要はないです！　日本の皆さんに、中国にも僕らみたいな日本サッカーが好きな中国人がいることを知ってほしいのです」と言われ、「まだ若いのに、立派だなあ」と感心してしまいました。

彼らの一人に、二〇〇四年のアジアカップに際して起こった反日暴動について聞きました。「あのときと現在では、時代がぜんぜん違いますよ」――彼らの答えは、あまりにあっけらかんとしたもので、この日は大いに盛り上がりました。以下が彼らとのやり取りです。

**問**：日本のサッカーを好きになったのはいつからですか？　その理由は？

**Aさん**：二〇一〇年から好きになりました。日本代表はとてもかっこいいと思ったから。そして日本代表には強い闘志があると感じました。南アフリカのワールドカップのときに受けた印象が特に強く、PK戦（決勝トーナメント一回戦でのパラグアイ戦）では、感動して泣いてしまったほどです。

**Bさん**：私は一九九八年から日本代表に関心を持ち始めました。その年、日本は初めてワールドカップに出場しましたが、日本代表のユニフォームがとてもかっこよかったのを覚えています。深い青のTシャツに、両袖には炎が描かれていました。日本サッカーはとてもきめ細やかで、戦術は整然として秩序があり、チームが一体となって攻撃と守備をする。二〇〇二年ワールドカップの日本代表は、九八年よりも大きく進歩していました。Jリーグではセレッソ大阪が好きです。

**Cさん**：日本代表の試合を見るようになったのは二〇一〇年の南アフリカ大会からでした。当時、多くの選手は知りませんでしたが、本田圭佑《ほんだけいすけ》、遠藤保仁《えんどうやすひと》、中村俊輔《なかむらしゅんすけ》らのプレーに強い印象を受けました。一一年のアジアカップでは、香川真司《かがわしんじ》や伊野波雅彦《いのはまさひこ》らの活躍で、日本はついに優勝、それを機に完全に日本代表に注目するようになりました。

**Dさん**：私は二〇〇六年のドイツ大会から「藍武士」（サムライブルー。サッカー日本代表のこと）を見るようになりました。初めは欧州のクラブで活躍する日本選手に注目し、最初に好きになったのは本田圭佑でした。低迷が続きワールドカップの出場を逃した中国代表に比べ、私はアジアカップで四度も優勝するなど、アジアで何度もトップになった日本代表が絶対的に好きです。私の心のなかで「藍武士」は世界で唯一のホームチームなのです。

### 中国人のサポーターは嫌いなので

**問**：中国代表よりも好きなのですか？

**Aさん**：そうです。日本代表への熱愛は、自国代表を上回っています。というのも、中国代表にはまったく希望を感じないから。あまりに野暮《やぼ》ったい中国のサポーターと一緒にされるのも嫌です。

**Cさん**：日本のサッカーを中国のサッカーと比べると、成熟している点が非常に多いです。そして日本のサッカーは、日本という国の精神を、完全かつ徹底的に体現しています。中国のサッカーが追いつくためには相当な道のりを必要とし、おそらく数十年では不可能でしょう。

**Dさん**：中国の選手は、代表チームの試合でも、あるいはアジア・サッカー連盟（ＡＦＣ）チャンピオンズリーグ（ＡＣＬ）でも、日本の選手に対して友好的ではなく、プロフェッショナルとしての素質にも欠けています。彼らはお金のためにサッカーをやっているだけで、心からサッカーを愛しているのではない。この点で、私は大多数の中国選手に反感を持っています。

**問**：Ｊリーグにも興味がありますか？

**Aさん**：あります。Ｊリーグのチームが上海に来るたび、スタジアムに行って彼らを応援します。二〇一七年に浦和レッズが上海上港《じょうこう》と戦ったとき、そして一八年に鹿島アントラーズが上海申花《しんか》と戦ったときは、日本のサポーターと一緒に応援し、楽しかったです。

**Cさん**：Ｊリーグは大好きです。特にセレッソ大阪やガンバ大阪、鹿島アントラーズ、浦和レッズ。彼らに対し（中国チームの）不倶戴天《ふぐたいてん》の敵といった考えはまったくありません。Ｊ

リーグのサポーターの雰囲気や、チーム内の公平な競争、そういった環境が、自分を好きにさせる最大の理由です。

**問**：日本代表やＪリーグの試合は、普段はどのように観ているのですか？　日本に行ったことはありますか？

**Ａさん**：ネット中継で観ることが多いです。代表チームの親善試合やワールドカップ予選、アジアカップも観戦します。観た回数は一〇〇〇回を超えますが、はっきり覚えていません。まだ日本に行ったことはありませんが、二〇一八年は鹿島アントラーズがＡＣＬで勝ち進んできたので、ぜひこの目で優勝するところを観たいです。

**Ｂさん**：何度も観ています。具体的な数は覚えていません。日本へも何度も旅行していますが、日本で試合を観たことはありません。

**Ｃさん**：日本代表の試合を何回観たか、数え切れません。ワールドカップ、アジアカップ、アジア競技大会、ワールドカップ予選を含め、すべての試合を見逃したことはありません。これまではお金も時間もなかったので、日本に試合を観に行くことはなかったのですが、二〇二〇年の東京オリンピックでは、日本代表のゲームを観戦することを期待しています。

**Ｄさん**：Ｊリーグが好きになったのは、日本代表を好きになったあとです。当時はＡＣＬに参加した浦和、鹿島、ガンバ大阪、横浜F・マリノス、川崎（フロンターレ）、名古屋（グランパス）などについて知っているだけでしたが、二〇一四年ごろ中国が正式にJリーグの放映権を購入し、ネットでJリーグの試合を放送するようになりました。Jリーグで私の嫌いなチームはありません、ですが、最も好きなチームといえば浦和です。二度もACLで優勝した強豪で、浦和のサポーターはとても勢いがあり、心を揺さぶる力があります。

**Eさん**：テレビやネットを通じて、藍武士の試合をほとんど欠かさず観ています。ワールドカップ、予選、ACL、オリンピック、アジア競技大会、親善試合など、数え切れません。江蘇省で二〇一八年一月に行われたアジア・サッカー連盟（AFC）のU23選手権を応援に行きましたが、日本代表の選手と写真を撮ることができました。最も光栄だったのは、日本代表監督となった森保一《もりやすはじめ》監督と記念写真を撮ったことです。森保監督が代表を率いる二〇二〇年の東京オリンピックには、ぜひ応援に行きたいです。

### ワールドカップでの日本の評価は

**問**：二〇一八年のワールドカップでの日本代表のプレーを、どう見ますか？

**Aさん**：とても残念で悲しい。結果には、まったく満足していません。我々（日本代表）はポーランドに勝利し、決勝トーナメントでもっと勝ち進むことができたはず。ベルギー戦で二対〇の勝利を守り切れなかったことについては、とても頭にきています。西野朗《にしのあきら》監督はあまりに保守的で、川島永嗣《かわしまえいじ》がひどかったにもかかわらず先発させましたが、中村航輔《なかむらこうすけ》を投入すべきでした。それからポーランド戦……直前に親善試合をしたパラグアイ戦の陣容で臨み、乾貴士《いぬいたかし》、香川真司、武藤嘉紀《むとうよしのり》の三人を先発させたら、もっと効果があったでしょう。岡崎慎司《おかざきしんじ》の状態が良くなかったので、浅野拓磨《あさのたくま》を起用すべきでした。もし浅野を起用したら、ポーランドには絶対勝っていたし、決勝トーナメントでも、もっと勝ち進んでいたでしょう。本当に残念でした。

**Bさん：**日本代表のプレーは素晴らしかった。もちろん、コロンビア戦では相手が低レベルのエラーをしたという運の良さもありますが、それでも日本代表は出色で、自分たちの優位性を発揮していました。八強に進めなかったのは日本チームに欠点があったからでしょうが、それでも日本代表は、いずれ八強に進めると信じています。

**Cさん：**日本代表の試合は全体的には満足のいくものでした。ワールドカップの前には、私たちはどちらかというと悲観的な見方をしていました。ところが藍武士は粘り強い意志と戦いぶりで決勝トーナメントに進出し、残念ながら三位となった強豪ベルギーに負けてしまいましたが、将来、藍武士はさらに前進すると信じています。

**Dさん：**二〇一四年の屈辱的な一次リーグ敗退に比べれば、非常に良かった。特に日本伝統の攻撃的サッカーができたことが大きいです。最初の二試合はゴールキーパーの痛いエラーがありましたが、乾貴士、大迫勇也《おおさこゆうや》、本田圭佑らが身を挺した攻撃でチームを逆境から救ってくれた。ポーランド戦は、自陣でボールを回して遅延プレーをしたと批判もありましたが、ワールドカップの試合ルールを合理的に活用して決勝リーグを目指したのは、やむをえない戦略でした。ベルギーには逆転負けしましたが、選手たちのプレーには合格点を与えられるでしょう。それでも多くの選手が試合後に落胆し涙を流していたのを見て、心が痛みましたが。

**問**：ワールドカップの応援のほかに、普段はどのような活動をしていますか？

**Aさん**：二〇一八年は「日本足球史」（日本サッカー史）の新著発表会があったので参加しました。ＡＦＣチャンピオンズリーグでＪリーグのチームが上海に来れば、私たちはみな観戦に行きます。さらに私たち「上海藍武士（上海サムライブルー）」は、今年、応援旗を作りました。一九年のアジアカップやコパ・アメリカの応援でお目見えするでしょう。上海の日本人サポーターと一緒に戦うつもりです。

**Bさん**：普段は仕事が忙しいし、上海に住んでいないので、ネットで他のサポーターと交流することが多いです。私たちは、いつも議論したり、ニュースをシェアしたりしています。

**「上海藍武士」の応援旗**

**Cさん**：ワールドカップで一緒に試合を観戦するほか、普段は集まって食事をしながら、日本代表の近況や今後の展望について議論したり、Jリーグの情報を交換したりしています。Jリーグのチームが上海に来るときは、一緒に会場に行き、日本人サポーターと一緒に応援しています。二〇一六年のガンバ大阪、一七年の浦和レッズ、一八年四月の鹿島アントラーズと川崎フロンターレ、五月の鹿島が出場した試合では、日本から来たサポーターと一緒に応援しました。さらに週末には、サムライブルーやJリーグのユニフォームを着て、自分たちでサッカーを楽しんでいます。

**Dさん**：二〇一六年から、上海に来るJリーグチームの応援を始めました。この年にはガンバ大阪が、一七年は浦和が、一八年は川崎と鹿島が来たので、アウェーチームのチケットを買い、日本のサポーターと一緒に応援しました。ですが、私たち上海の日本サッカー愛好者には十分な時間と資金がないため、日本に応援に行くことができません。チャンスがあれば東京オリンピックで日本代表を応援するツアーを組みたいと思っています。

## 日本文化と中国文化の最大の違い

**問**：サッカー以外には日本のどんなことに関心がありますか？　日本全体について、どのように見ていますか？

**Aさん**：日本の建築工程管理について、とても関心があります。特に機械や電気設備の設置について。日本のアニメ、コスプレ、ゲームにも興味があります。また日本のスポーツカー、たとえばトヨタ86、日産GT-R、370Z（フェアレディZ）が好きです。ほかにも日本のヤマハ、ホンダ、スズキ、カワサキの大排気量オートバイが好きで、以前はホンダCBR660RRに乗っていました。

もちろん、日本の女の子も大好きですよ！　できれば奥さんにしたいです！　以前、上海外国語大学に留学中の大阪の女性と知り合いました。彼女は卒業後、上海で仕事がしたいと言っていましたが、実現したかどうかは知りません。

また、日本が唐代に多くの留学生を中国に派遣しましたが、あれだけの高い精神世界を築いたことについては、心から尊敬しています。物質面、そして精神面でも、日本には本当の豊かさがあると思います。中国人は暴発戸《ぼうはつこ》（にわか成金）の心理状態にあり、精神的には貧しいままです。私たちの上海は改革開放が最も成功した見本であり、日本から学ぶ精神は、全国の最前線を行っています。

私の母は二〇一七年に北海道を旅行し、日本のサービスが非常に良かったと感動していました。私も日本を熱愛していますし、日中友好が永遠に続くことを望んでいます。祖先が起こした過ちのせいで、いつまでも私たちが恨みを持ち続けるべきではないのです。なぜなら、アジア人は団結することでこそ、明治維新のように改革を断行できるのです。私たち同士で互いに争っていたら、最後に笑うのは欧米の国々でしょう。日中友好が代々続くことを願っています！

**Bさん**：サッカー以外にも、日本の多くに魅力を感じています。文化、都市、もののあわれの美学、茶道の和敬清寂《わけいせいじゃく》の心など。たとえば古風で簡素だが優雅さを失わない庭園には、静寂の美があります。さらに一瞬の輝きを見せる桜の魅力、これは日本の武士道精神と呼応するものです。

日本食も、新鮮な食材を使い、シンプルな方法で食材の鮮度を保ち、とても健康的です。

テレビドラマについては、現代劇と時代劇のどちらにも興味を持っています。
日本の文化には、俗世を超越し、精神と大自然を合一する哲学があり、これが日本文化と中国文化の最大の違いです。

**Cさん：**サッカー以外では、アイドルグループの乃木坂46が好きです。かわいい少女が歌い踊るのを観るのは、とても楽しい。今年は上海にコンサートに来るそうなので、絶対に観に行きます。ほかには日本のテレビドラマが好きで、石原《いしはら》さとみ、有村《ありむら》架純《かすみ》の出るドラマは、ほぼすべて観ています。子供の頃は「火影忍者（ＮＡＲＵＴＯ）」「名探偵コナン」そして「足球小将（キャプテン翼）」が好きでした。日本の茶道や和服などの伝統文化にも関心があります。そのため私は日本語をずっと学んでおり、将来、日本で暮らして中国と日本の友好に貢献したいと思います。

　ところで私たちが「上海藍武士」を立ち上げたのは、日本代表を支援したいがためだけではありません。より多くの中国人と日本人に日中友好の理念を伝えたかったからなのです。両国が友好を深め、協力し、ウィンウィンの関係になってほしいのです。私たちは歴史に縛られたくはありません、未来を開拓しなければなりません。いろいろな問題があっても、中国と日本は友好を深め、ウィンウィンになれると固く信じています。

**Dさん：**サッカー以外にもたくさん関心を持っています。日本サッカーのファンになる以前

サムライブルーをまとった「上海藍武士」たちに囲まれて

は日本のアニメや特撮ものを観て育ちました。「ドラえもん」「ポケモン」「機動戦士ガンダム」「ドラゴンボール」「ワンピース」「ウルトラマン」などです。高校に入ってからは、日本の流行音楽をずっと聴いています。おそらくは一二〇〇曲以上は聴いたでしょう。そして、大学に入ってからは日本のドラマを観ています。基本的に毎週月曜日から金曜日まで、通勤や昼休みの時間を使って観ています。

日本には、これまで四回旅行したことがあり、日本という国と国民の長所を肌身で感じました。日本は世界でも一、二を争う優れた国だと思います。市民の素質、教育方針、医療サービス、法律制度、科学技術、アニメや流行などです。

いま、中国と日本の関係は良い方向に向かっているとと思います。中国首相の訪日で、両国間の協力分野が増えます。たとえば映画産業では、日本の多くの著名な俳優が中国で共演することが増えるでしょう。そして、日本の学生も上海や北京など大都市の学校への留学が増えています。日本は中国人が最も行きたい観光目的地にもなっています。中国と日本で、政府と民間のいずれもが、協力や相互訪問を進めてほしいです。

## 今晩、我々はみな「精日分子」

彼らは、いわば「サッカー精日」であり、「マイルドな精日」と言えるでしょう。微信に彼らが立ち上げた日本サッカーに関するグループチャットには、多い日で一〇〇件以上の書き込みがあります。こうした日本サッカーへの関心は、彼らだけではありません。その例として、以下の文章を紹介しようと思います。

二〇一八年のワールドカップ一次リーグ第二戦で、日本はアフリカの強豪セネガルを相手に善戦し、二対二の引き分けに持ち込みました。この試合での日本の活躍ぶりについて、「今晩、我々はみな『精日分子』となった」という文章がネットに掲載されたのです。

〈歴史はこの六月二四日という深夜を記憶するだろう。ロシアのエカテリンブルクの競技場で開催されたワールドカップ一次リーグH組で、日本はセネガルと対戦した。

初戦のコロンビア戦では、コロンビア選手がレッドカードで早々に退場したという運の良さもあっての勝利であり、国内の多くのサッカーファンは、セネガルの勝利を予測していた。

試合開始から、セネガルが優勢だった。アフリカの選手は身長が高く、体格でもスピードでもアジアの選手を上回る。加えて多くの選手が欧州のトップチームに所属しており、技術も高かった。

さらにアフリカ人は、サッカー場でのルールへの理解も、常人を上回っていた。相手を押したり、脚で蹴ったり、体をぶつけたり。たちまち日本選手は倒され、数メートルも飛ばされ、転がる瓢箪《ひょうたん》のようだった。その乱暴なやり方で、セネガルと並び称することができるのは、韓国だけだろう。

セネガル選手の平均身長は一メートル八六センチ、大会で第二位の高さであり、日本は一メートル七八センチと、下から三番目だった。だが、直感的にはセネガルがさらに上回り、試合の映像では、日本選手はセネガル選手の半分の大きさにしか見えなかった。

セネガルはその身体能力、そして反則プレーにより日本を圧迫し、日本がまだ対応できないうちにゴールを決めた。いかなるチームも、このような全面的に圧迫された局面では、崩壊しないにしても、戦々恐々とし、さらなる失点を防ごうとするだけだろう。

だが日本人の精神は、身体よりもはるかに逞《たくま》しかった。どんなこともこの民族を威嚇することはできず、ましてや自分から崩壊したりしない。彼らはただちに局面を転換して攻勢に出た。その熟練したドリブルやボールコントロールによって、セネガル選手に取り囲まれながらもボールを保持し、包囲をくぐり抜け、なめらかにチームメイトにパスした。

このとき日本は、その優位性が明らかになった。彼らのボールさばきは細やかで、グラウンドを見渡す視野は広々とし、頭脳はより聡明で、戦略や戦術はより明晰だった。短いパスでミッドフィールドを支配し、長いパスで相手の防衛ラインを突破した。

日本はセネガルに二度先行されたが、乾と本田のゴールで追いついた。その後も士気が上がり、猛攻を加えたが、引き分けに終わった。

特に取り上げるべきは、この試合で日本がどこまでもフェアプレーに徹したことだ。セネガルのラフプレーに遭っても、日本選手は、脚を踏みつけたり引っ掛けたりするなど、陰湿な仕返しはしなかった。相手から押し倒されても冷静さを失うことなく、怒ったり怒鳴ったりしなかった。言葉で形容するなら、まさに「大和民族の真の君子」だった。

それに比べ、最初から最後まで各種の野蛮な行為を繰り返したセネガルは、まったく別の文明から来たかのようだった。

アジア人の体格はアフリカ人に劣る。場面をコントロールして圧倒するためには、敵の二倍の体力と努力を要する。日本は自分よりも背が高い相手の野蛮な行為に対し、不平を言ったり、怒ったり、怒鳴ることもなく、ひたすらボールを蹴ることに精神を集中した。二度も後れをとったが、驚くべき気迫で挽回し、何度も反撃の機会を作った。その困難さは言うまでもないだろう。

この堅忍不抜《けんにんふばつ》（どこまでも耐え抜く）の大和民族は、まさに東アジアのお手本と言っても過言ではない。

セネガルは世界ランキングが二七位で、六一位の日本よりもはるかに上だ。完全に不利な状況で試合に勝つため、日本は智慧と気迫と団体精神に頼った。

日本は一九八〇年代、しばしば中国に負けていた。九〇年代に決心し、ブラジルなど南米に学んだ。ブラジルサッカーは極度に腐敗した体制のもと、かつてのような強大さは失われた。日本のサッカーは、サンバが骨身に染みているブラジルにはまだ及ばないが、その団体精神、堅忍不抜の意志と気迫は、すでにこの師匠を上回っている。

大和民族、その外面は儒者のようにうやうやしく、君子のように謙虚だが、困難に直面するたび、ますます勇敢になり、鍛え磨き、奮進し、わが道を押し通す。それはまるで恐ろしい光を放つ名刀のようだ。

このような日本を前に、（我々は）「精日」にならずとも良いのだろうか？　今夜、我々は皆「精神日本サポーター」であり、「精神日本サッカーチーム」だった。

決してあきらめることのない日本サッカーは、まぎれもなくアジアの光である。日本サッカーは低迷著しいアジアを救った。不正なジャッジやファウルで「名を天下に知らしめた」韓国サッカーを救っただけでなく、こせこせして脚力がなく、まったく役立たずの中国サッカーを救った。

このような日本人に誰が反感を抱くだろうか？　このような日本サッカーを誰が嫌悪するだろうか？〉

前述のように「精日」は、中国当局が「日本軍服を着て日本軍国主義を礼賛《らいさん》する中国人＝精日」と決めつけ、ネガティブな言葉になっています。それだけに、この日本サッカーを称賛する文章は、現在の中国のネット言論環境を考えれば、大きな勇気と意義があると言えます。

第三戦のポーランド戦では、ラスト一〇分間の日本チームの遅延プレーに対し中国でも批判がありました。ですが大手ポータルサイト網易《ワンイー》が行った調査では、この「談合試合をどう見るか」という問いに、一万一〇〇〇人のうち七二パーセントが「批判できない。一次リーグ突破のほうが重要」と答え、「激怒する。スポーツ精神への冒瀆《ぼうとく》だ」の一四％などを上回りました。

前述の若者たちも、「日本が嫌いな中国人はいろいろ嫌味を言うだろうが、関係ない。一次リーグ突破こそが勝利だ」と語りました。

二〇一八年のワールドカップにおける日本代表の最後の戦い、すなわちベルギー戦を、彼らは上海のバーで日本人サポーターと一緒に応援しました。「中日友好」と書かれた、日本と中国の国旗が描かれたオリジナルの旗を作成し、盛り上がったのです。

上から押し付けられる「日中友好」ではなく、草の根から広げる友好が、両国民の感情の氷を溶かすことにつながればと願っています。

# 第四章　共産党から見た「精日」と日本

## 中国共産党の「精日」観は

中国国内では「精日」現象はどのように受け止められているのでしょうか。前述したように、「精日」とは当初、日本の文化や道徳を高く評価する人々、という意味だったのが、王毅首相の「中国人のクズ」発言に代表されるように、「売国奴」「反中国」といったレッテルが貼られ、ネガティブな言葉として、少なくとも政府系メディアやそれを支持する人々のあいだでは使われています。

本章では、まずそうした見方を紹介しつつ、中国国内の日本通の識者の見方や、さらにこれに異議を唱える見方まで、幅広く追っていきます。

まず、中国メディアの「精日」に対する見方はマイナス一辺倒《いっぺんとう》です。中国共産党系の環球時報は、二〇一八年五月一五日、「公共の視野に進入する『精日』をどのように管理するか」という復旦大学の研究者の見解を掲載しています。内容は次のようなものです。

〈「精日」は現代中国の典型的なネットのマイナス面を指す言葉だ。彼らは生理的、社会的に、生まれながらの法的な「日本人」とは何の関係もないが、精神面アイデンティティで、自分を日本人と設定している。

ごく自然な原因から、「精日」はマイナスのレッテルとして使われており、最近の事件や社会の共通認識から、「精日」というレッテルが非常に注目を集めているのは、光栄なことは言えない。

「精日」という言葉の誕生は、少なくともある程度は日本の帝国主義時代の対外拡張と植民地時代の特殊な政策と関係がある。すなわち文化的アイデンティティにおいて、支配した地区の民衆を改造し、もともとの文化的な特性と切り離し、精神的に日本人の延長としたのである。台湾では「皇民化」運動によって、日本は文化的な侵略と洗脳に成功し、台湾人の政治や文化的なアイデンティティを歪めたが、これはいまでも影響が残っており、李登輝（元総統）などの人物のパフォーマンスはしばしば人々の注目を集めている。

今日の中国社会が「精日」現象に注目するようになったのは、厳格な意味では個人の好みだったことが公共の視野へと入るようになり、しかも共通の価値観に挑戦する形で入ってきたことが本質的原因だ。ネット空間を利用し、人々は「精日」行為が徐々に正常な社会の行為のボトムラインと衝突し、そこを突破して、国家や民族のアイデンティティに深刻に関わるようになったと知った。特に国家の利益から見て、彼らの行為は正常な解釈の（まともな解釈ができる）枠組みを超えており、これは彼らが精神的に自分を日本人と認めていない限り、その動機を解釈することができない。

「精日」現象を作り出した具体的な原因やメカニズムは非常に複雑だ。改革開放初期の経済格差がもたらした文化的な衝撃、経済発展を求める過程で正確な国家アイデンティティを作り上げることを無視したこと、歴史虚無主義（後述）に対して有効な対抗をしてこなかったこと、一部の文化的な製品が特殊な核心を持っていることを理解できなかったこと、これらが「精日」現象を生んだ重要な原因だ。

「精日」現象は、このような文化的に全面的に開放された、情報が断片化した社会で、国家や民族のアイデンティティが不足し自らを見失う現象が起きることを避けなければならないと、我々に注意喚起してくれる。

管理の面では、感情ではなく理性から出発し、コントロール可能なレッドラインを引き、さらに立法的手段によって保証しなければならない。このような行為が公共の場で起きることを認めてはならず、公共空間や娯楽区間に入れてはならない。同時に「精日」行為から経済的な利益や社会的な影響力を得ようとすることを防がなければならない。

「精日」現象の出現は今日の教育システムが深刻な試練にさらされていることを説明しており、これは社会的なシステムを作り上げる作業だ。「精日」集団に対し、過度に単純化したレッテルを貼って社会を分裂させることを避けなければならず、（政治的）運動によってこれに対応すべきではなく、焦《あせ》って対応してもならないが、何もせずに放置しておくこともできない。特に重要なのは、正常な日本文化や日本製品を愛好する行為が巻き添えになるなど、極端に走ってはならないということだ〉

この文章を読む限り、「皇民化教育」など、それこそ「レッテル貼り」のきらいもあると感じますが、全体的には抑制的に書かれた見解と言えるでしょう。

文中に出てくる「歴史虚無主義」ですが、これは中国共産党が半植民地状態の中国から人民を解放し、建国したという公的な歴史観に対する否定的な見方です。また「一部の文化的な製品が特殊な核心を持っている」とは、おそらくは「艦これ」などのゲームが日本の「軍国主義」を称賛する隠れた役割を持っていた、という彼らの解釈なのでしょう。

文章は最後に、「精日」への対応は「社会的なシステムを作り上げる作業だ」としています。前述したように、社会的な共通認識が欠けているため「精日」のような中国社会の価値観を受け入れないグループが生まれる、と考えているのでしょう。

ただ、社会的な共通の価値観を作り出していくのは、今日の中国のように貧富の格差が拡大した社会では容易なことではなく、また共産党の歴史観を押し付けることは、一部の自由派知識人や中産階級から反発を受けるでしょう。

「一般的な日本文化愛好者を巻き添えにするな」と断るあたりは、筆者の理性的な見方を感じます。このくらいの見方ならば同感できる部分も確かにあります。

## 「精日」が作った社会の悪性腫瘍

ネットに掲載された文章には、より強い口調で「精日」を批判する内容もあります。「精日、『媚日文化《びにち》』がもたらした社会の悪性腫瘍《しゅよう》」という二〇一八年三月に発表された文章で、作者は后沙月光《こうさげっこう》という「愛国作家として知名度や影響力のある」人物とのこと。文章は前半で、日本は戦争中に中国で世論工作を行い「親日感情を養成し、親日分子を抜擢《ばってき》した」「抗日意識を消滅させた」「中国人民を奴隷化し、中国文化の絶滅を図った」として、次のように書いています。

〈日中国交正常化後、民間交流が増加し、中国人は映画、テレビ、歌劇、舞踊劇などの芸術を通じ、日本の現状を理解した。

日本人もこのような方法で中国を理解したが、当時は、こうしたすべてが健全だった。

だが一九九〇年代になり、微妙な変化が生じた。一部の中国の知識人は文化交流を日本に対する一方的な崇拝へと変え、民族の優劣を比べるようになった。

メディアは「反省」を名目に、中国人のイメージを醜く描き、小さな利益に目がくらみ、衛生的でなく、礼儀知らずで、文明的でないといったレッテルを中国人に無理やり押し付けた。

その一方で、日本人は優雅、礼儀や規律を守り勤勉で、物事をおろそかにしない（というイメージが強調された）。

これは当然、日本の対外宣伝政策の変化と切り離せず、彼らはその機会がやってきたと察知した。

たとえば、九〇年代、成都の日系企業は突然、中国メディアで「私の心のなかで最も美しい日本」という作文コンクールを始めた。

豊富な賞品が用意され、入賞率が高く、日本を賛美する文章が殺到したが、大賞を受賞できるかどうかは、ある原則、つまり誰が日本を美しく露骨に賛美できるかということだった。

わずかばかりの恩恵を施すことで、繊細に物音を立てることなく中国人の心のなかに「日本は最も美しい」という概念が植え込まれていった。

一九九七年、天津の日系ソフトウェア企業が日本軍を美化する製品を売り出し、天津の人民の強烈な抗議の末に処罰を受けたが、とても軽いものだった。

歴史を振り返って、こうした行為は新たな「宣伝戦」であり、中国人はあまりにお人好しで、その背後にある意図に気づくことなく、警戒を怠った。

文化面では、周作人《しゅうさくじん》、張資平《ちょうしへい》、特に胡蘭成《こらんせい》らの文章が一世を風靡《ふうび》し（いずれも戦争中に日本に協力した文化人）、汪精衛《おうせいえい》（汪兆銘《おうちょうめい》）政権で要職を務めた章克標《しょうこくひょう》を「文化老人」として称賛した。

彼ら「民国（時代の）文化大師」に反対すれば、「過激で偏狭」とのレッテルが貼られた。

これに対応して、開国の英雄を侮辱し、泥を塗り、攻撃することがネットで始まった。張自忠《ちょうじちゅう》や楊靖宇《ようせいう》ら抗日戦争の英雄の「真相を暴く」といったことがなされた。

日本に媚《こ》びる文化が各地に花開いたあと、突然、中国人が自国への自信を失い、誇りが失われ、さらには中国を嫌悪する感情までも生まれ、日本への批判精神は失われた。

批判精神が失われれば、残るのは盲目的な崇拝だけだ。「精日」のクズたちのネット上の言論は日本への無限の崇拝で満ちており、さらには日本の軍服や軍刀を着用し、南京大虐殺の亡霊に侮辱や嘲笑《ちょうしょう》をしている。

「精日」ははびこっているが、生活では苦痛を味わっている。ネット上では寄せ合って暖をとっているが、ネットの下（現実）では社会のクズだ。

日中関係は健全な発展が必要だが、こうした「精日」は日本人の目にもクズに映っているのではないか。

日本統治時代の台湾のある「皇民作家」は天皇へ心からの忠誠を示した。彼の最大の苦痛は自分の体に「高貴」な大和民族の血液が流れておらず、彼が罵《ののし》る中国の血統だったことだ。

彼の次の言葉は、今日の「精日」の心の声である。「大日本の臣民になることを願うが、その体は日本人の骨や血ではない、これほどの悲しみがあろうか」。こうして彼は〈軍隊に志願し〉自らの身を滅ぼすことによって日本の統治者から認められようとしたのである。

今日、彼らの子孫は台湾に横行し、「台湾独立」の旗印を掲げている。

皇民であれ、「精日」であれ、彼らの論理は、自らの国家の主体性を蔑視《べっし》、敵視、否定し、極端で自虐的な手段で自らを日本人に改造し、日本人よりも天皇や日本軍に忠義を尽くし、最終的には日本のために死ぬことで日本から認められようとすることだ。

「精日」の異常な行動は、我々に次のことを教えてくれる。つまり今日、彼らの騒乱挑発を厳しく制裁しなければ、彼らはやがてテロリストとなるだろうということだ。

ネット上のこうした「精日」言論は、あまりにもひどい状況であり、文化、政治、思想上の「精神植民地化」は全面的に清算しなければならない。悪性の腫瘍《しゅよう》を取り除くには、それが生まれる土壌もまた取り除かなければならないのだ〉

デタラメ、極論もいいところですが、戦前の日本と戦後の日本をまったく同一化し、「精日」は日本を盲目的に崇拝する「社会のクズ」だとし、さらにはテロリスト呼ばわりしています。「精日」に限らず、日本に批判的な文章の多くが、このように戦後の日本社会の民主化や平和的発展をまったく無視し、あたかも軍国主義がいまだにはびこっているような、まるで例の抗日ドラマに出てくるような日本兵が現存しているかのような書き方をします。

しかし、このようなデタラメを野放しにしている限り、日中間の真の理解と和解は難しいと言わざるをえません。

## 「中国人のクズ」を懲罰する法案

第二章でも述べましたが、中国当局やメディアは「精日」を拡大解釈し、日本を引き合いに出して中国を批判する行為すべてを「精日」としてバッシングしようとしているようです。

が、こうした見方には中国でも批判があります。蔡慎坤《さいしんこん》というブロガーは、王毅外相の「中国人のクズ」発言を受け、俳優の成龍（ジャッキー・チェン）ら政治協商会議委員が全人代に「中国人のクズ」を懲罰する法案を提起したとのニュースに対し、ツイッターで次のように痛烈に批判しています。

〈誰が「民族のクズ」なのか？　汚職の道にはまり、狂ったように（金銭を）貪《むさぼ》り、妻子の財産を海外に移している者はクズではないのか？　長年二号、三号、N号と、何人も愛人を抱える者は？　手段を選ばず地位と名誉を手に入れ、海外の身分を手に入れた（国籍を移した）者は？　土地やビルを転がして一晩のうちに巨額の富を手に入れた者は？　口では愛国愛民と言いながら、裏ではこっそりと人民の財産を呑み込んでいる者は？〉

私のある友人も「政府メディアの『精日』バッシングは自信のなさの表れ」との題名で、以下のようなメールを送ってくれました。

〈最近、「精日」という言葉が突然、話題になっています。本来、「精神日本人」になるのは中国の若者にとって今風であり、かつ正常なことです。なぜなら、自分が文明的で礼儀正しく、資質が高く、生活のクオリティを大切にする人になりたいと思わない人はいないからです。

中国がこの話題を報道するときの視点は、とても独特です。彼らが数人の旧日本軍の軍服を着て写真を撮る若者を「精日分子」と名指しし、罪を着せようとするなら、口実はいくらでもできる、まさに泣くに泣けず笑うに笑えない状況です。

政府系メディアが黒白をひっくり返し、鹿を指して馬と言う（事実を歪由《わいきょく》する、是非《ぜひ》を転倒する）ことはしばしばあることですが、この時期にこの話題を持ち出したのは興味深いことです。

私は、これは共産党に安心感がないからだと考えています。つまり「精日」が当局と大衆を争う（大衆の心をつかむ）過程で、自分たちが不利な立場にあると感じているのです。マルクス・レーニン主義政党である共産党は民衆からの承認を受けないまま政権の座にあるため、内心の恐怖から焦りや自信のなさを生み、標的あるいは仮想敵を作ることで自らに対する脅威を取り除くことが必要なのです。

日本文化や商品を好む中国人が多いことは周知の事実です。彼らは毎年、日本に旅行、留学、ビジネスで往来する数百万の人々で、日本人は友好的で礼儀正しく、誠実で約束を守り、環境は清潔で住みやすいことを目の当たりにして、知らず知らずのうちに日本文化が好きになり、その感想を文章や口伝えで広める。こうして徐々に多くの中国人が日本のことを好きになるのです。さらには内心で、もし日本精神を学び精神的な日本人になれるのならばそれも良いことだ、と思うようになるのです。

本来、これは社会の進歩には有益なことです。だがこれほど多くの人が日本を好きになると、共産党の政府は危険を感じるようになりました。なぜなら主流のイデオロギーが「反米恨日」を宣伝しているからであり、もし宣伝と逆の結果になったら、それは洗脳が失敗したということになるからです。それゆえ彼らは反撃を開始しましたが、公然と金正恩《キムジョンウン》を熱烈歓迎する政権が、どうして自己の「臣民」が政府の指揮棒に従わずに日本を恨まないことを許すでしょうか。

だが、中国の知識人、若い学生やビジネスエリートらは、全面的に日本を理解し好きになっており、彼らを洗脳するのは基本的に不可能です。国の門を開けば、洗脳は完全に成功することは難しい。結局、四〇年の対外開放によって、中国人を特定のイデオロギーで屈服させようとすることは、嫌悪を生むだけの行為になりました。

今日、ある若い公務員の女性に、日本や「精日」問題についてどう思うか聞いてみました。彼女は、「私は中国も愛しているし日本も愛しています、これはどちらか一方を選ばなければならないという問題ではなく、両者は対立しない」と答えました。彼女は「『精日』批判は世論を抑え込むためで、この言葉に汚名を着せるのは、日本を好きな中国人に公開の場でそれを言わせないようにするためですが、中国の指導者ももっと自信と勇気を持って世界に向かい合い、文明と進歩を選ぶべきだ」と語りました。このような正常な感情と良知や良識、正義感のある若者を見て、やはり未来に自信を持つべきだと感じました〉

## 中国メディアへの反論の中身

「精日」の解釈をめぐり、政府と進歩的な知識人らとのあいだに大きな溝が生まれていることが分かります。つまり、これは中国社会をどう見るかという問題と関わってくるのですが、それは第二章でも取り上げました。第一章では「精日」に汚名を着せようとする中国メディアの報道ぶりへの反論を紹介しましたが、ここでもう一本の文章を取り上げたいと思います。

「精日には抵抗するが、精神面で日本人に学ぶのは構わない」という文章です。二〇一八年五月一七日に発表され、筆者名は「東雷老評」とあり、李東雷《りとうらい》というブロガーで、日本でも日中関係に関する評論が出ています。以下、その内容を紹介します。

〈「精日」とは「精神日本人」の略称だが、この言葉を知ったのは比較的最近だった。今年の全人代で王毅外相が記者会見で「精日」の行動を「中国人のクズ」と呼んだのを聞いた。自分もしばしば日本について肯定的な発言をするが、これも「精日」なのだろうか。そこで百度で「精日」の定義を調べてみた。すると、このように書いてあった。

「精日とは精神日本人の略称であり、日本の軍国主義を極端に崇拝し自らの民族を恨み、精神的に軍国主義の日本人と同一視する非日本人のグループ。第二次大戦の日本軍の軍服に愛着を示し、日本軍の侵略遺跡で記念写真を撮り、抗日英雄を侮辱する。精日は日本軍国主義への狂熱の特徴があり、他国への興味を自国や民族への冒瀆の上に打ち立てている」

これを読んでホッとした。自分は一〇〇パーセント「精日」ではない。

まず、「精日」はロジックを誤った概念だ。

百度の定義によれば、これらの人はネオナチと言って良い。たとえば次のような例を挙げている。

二〇一七年八月七日、四人の「精日」が第二次世界大戦の日本軍軍服を着て、著名な抗日遺跡、愛国教育基地の四行倉庫で記念写真を撮り、英雄烈士を冒瀆した。

二〇一八年二月二〇日、二人の男性が日本軍服を着て、南京紫金山の抗日陣地前で記念写真を撮った。ネットユーザーはこの二人の行為を批判した。

このような行為は確かに人々を不愉快にさせるもので、批判すべきだ。だが彼らは本当にいわゆる「精日」だろうか。一つ目では、この四人は明らかに日本好きだ。二つ目では、ただ面白がってやっただけではないだろうか。日本軍の軍服や日の丸は、おそらく借りてきて撮っただけだろう。

そして、このような人は中国人のなかで一体どのくらいの比率を占めているのだろうか。

百度の「精日」に対する定義は非常に偏っており、ロジックに誤りがある。なぜなら日本人を直接、軍国主義者とみなしているからだ。第二次世界大戦後、七〇年の平和を享受《きょうじゅ》した現代の日本は高度に発達し、文明的な法治社会であり、このなかに軍国主義者や過激主義者はどのくらいいるのだろうか。

過去の歴史を用いて現在の日本を悪魔化するのは中国によくある現象だ。一部の愛国者は概念をすり替えるやり方を特に好む。軍国主義時代の日本人を今日の日本人と同一視するのは、現在の日本がどのような状況か分かっていないのである。

次に、精神面で日本人に学び、虚心坦懐《きょしんたんかい》に日本人の優秀な精神を学ぶ必要がある。

もし「精日」の二文字が「精神面での軍国主義者」に限られているのなら、打倒すべきである。だが、このような「精日」に反対するだけでなく、義和団や（文化大革命下の）紅衛兵《こうえいへい》の復活にも反対すべきだ。彼らは軍国主義者と本質的な違いはない。だが、もし「精日」という言葉で日本人の優秀な精神を尊敬する人々を描写するなら、ならば私も「精日」だ。そしてこのような「精日」は、もっと増えることを希望している。

現代の日本はアジアで最も発展した文明的な国家だ。日本人の多くの精神を我々が虚心坦懐に学ぶ必要がある。（中略）

このようなことを言うと「精日」となるのだろうか。戦争が終わって七三年になるのに、

なぜ一部の中国人は依然として日本人を軍国主義者と見ているのだろうか。そして「精日」なる奇妙な言葉を作り出すのだろうか〉

## 「体制内」知日派の見解

中国の一部の人々が、日本はいまだに戦前や戦中と同じ社会だとみなし、そこから「精日」に汚名を着せる、まさにその通りだと思います。では、中国の識者は日本について、どのような考え方を持っているのでしょうか？　それを確かめるため、二〇一八年夏に中国を訪問し、北京や上海で様々な人から意見を聞こうと、炎天下を歩き回りました。

まずお会いしたのが、旧友のメディア関係者、Yさん。約二〇年前に北京に留学したときに知り合ってからの付き合いがあります。彼とお会いするときは、いつも私が好きなウイグル料理を食べに行くのですが、いまは休業中とのことで、これもとても美味で知られるイスラム料理店に連れて行ってもらいました。

Yさんは映画の専門家で、日本映画を研究するために日本に留学したこともあります。私も大学で中国映画を卒業論文に選ぶなど映画には興味があるので、話はそこから広がりました。彼は政府を代表する立場ですが、理性的な知日派の一人と言えるでしょう。

問：日本と中国の映画について、どのような感想を持っていますか？

Ｙ：昔の日本映画は中国人全体が広く楽しめるものでした。たとえば『男はつらいよ』などです。山田洋次《やまだようじ》監督の作品は中国では絶対に受けます。ほかにも『東京家族』や『おとうと』など、東洋人的な人間味をうまく描いており、中国の人もそれを評価し、受け入れられると思います。高倉健が演じた『幸福の黄色いハンカチ』や『遙かなる山の呼び声』も人気があります。

ただ、たとえば『この世界の片隅に』のような映画は、中国では難しいと思います。もちろん奇妙奇天烈《きてれつ》な抗日ドラマは論外ですが、戦争の当事者はもういなくなっており、その後の世代がそれぞれの風土のなかで成長し、価値観も多様化し、なかなか一つにまとまらないからです。

つまり、二一世紀に入ってからの戦争映画は、若い世代が自分の人生経験を踏まえて古い時代の戦争を想像しながら作ったものです。すなわち中国でも日本でも、時代劇化しているのです。

東洋人には還暦という概念がある。六〇年経つと、ある世代が亡くなり、次の世代になる。若い世代が成長して、古い世代の記憶に取って代わる、ということです。欧米人は世紀、つまり一〇〇年を単位に考えますが、東洋人は人間の生命を踏まえた考え方です。だから六〇年経つと、前の記憶も教訓も忘れてしまうのです。

**問**：すると日本の戦争映画は、想像に基づいて描かれている、ということですか？

**Y**：そうです。ズバリ言いますと、戦争を美化しようとしている。『永遠の０《ゼロ》』など、あれも一種の美化です。中国の奇天烈ドラマも美化です。それぞれ自分の想像に任せているのです。

『戦争と人間』（一九七〇〜七三年）を考えてください。あの時代、山本薩夫《やまもとさつお》監督が九時間の長い作品を撮った。しかも、ものすごく中国人への思いを込めて作った。最近でも「レッドクロス　女たちの赤紙」（ＴＢＳテレビ六〇周年特別企画：二〇一五年）は、中国でも「戦争を客観的に描いている」と、高い評価を得ました。

**問**：最近の抗日ドラマについては、どう思いますか？

**Y**：管理が厳しくなって、「神劇」と呼ばれる奇天烈なドラマは、チャンネルから消えています。でも、抗日戦争をテーマにした作品は、これからも撮り続けられるでしょう。最近の中国映画『無問西東《むもんせいとう》（英題：Forever Young）』などでは、日本軍はあくまで背景。（中華）民国時代の尊敬すべき知識人、人間の普遍性を描いており、いい作品です。

## メディアの日本批判は減っている

問：ここ数年間、日中関係は改善傾向にありますが、この傾向は続くでしょうか？

Y：私は続けるべきだと思いますが、続けられるかどうかは、双方の努力次第です。中国と日本のあいだでは、戦略的な衝突や対立があると思います。たとえば安全保障の面で、日本は中国からの脅威を現実に受けていると考えています。中国も現在、日本はアメリカと組んで中国を包囲しようとしていると考えています。そういった戦略的な不信感がお互いに強い。この不信感をどうやって取り除くかは難しく、すぐには結論が出ないでしょう。

でも、お互いに相手を脅威と思えば、そのうちに本当に敵となる。それは国の政治レベルの話で、民間レベルでは、もっと可能性があると思います。たとえ中国と日本の関係が困難な時期でも、中国政府は国民が日本に行くことを禁止しなかったし、逆にこの五年間、記録的な訪日ブームが起きました。もし中国政府が国民を日本と接触させたくなかったら、そうしたことはありえない。民間レベルの相互理解は、意外にも深まりました。

中国の出版物を書店で見てください。日本に関する本は、とても客観的な立場で出版されています。日本の流行文化、浮世絵などの歴史的文化などについてです。たとえば三里屯《さんりとん》の三聯《さんれん》書店や、（北京五輪の野球場があった）五棵松《ごかしょう》の「言幾又《げんきゆう》」という書店にも日本関係の本が多く、小資（プチブル）の雰囲気が漂っています。

日本旅行から戻って、もっと日本を理解しようと本を読む。まるで一九二〇年代のようになっています。このころの大正時代は日本ではモダニズムが流行っており、中国に多くの影響を与えました。まさしくこのような状況が、いま中国で復活しているのです。両国の関係も改善され、メディアの日本批判は減っており、客観的に日本を見るようになっています。

むしろ日本のほうに感情的なしこりがあります。これはおそらく、上位にいた人が下位にいた人に追い越されそうになったときに抱く気持ちでしょう。中国も、いつまでも恨みや嫉《しっ》妬《と》の目で日本を見るべきではありません。

**問**：二〇〇〇年ごろは、無印良品やユニクロは地味なので、派手な服が好きな中国人には好まれない、と言われていました。が、いまではあちこちに店舗が広がっています。何かが変わったのでしょうか？

**Y**：中国人、特に若者の美意識が、ますます同時代の日本人と接近しています。つまり消費文化の面では、日本が東アジアの流行をリードしているのです。

**問**：あとは国民感情を良くしていくことですね？

Y：交流と対話を深めるしかありません。流行文化について言えば、いまから二〇年くらい前は、日本から学ぶ一方でしたが、いまでは中国で成長したアニメ、漫画、映画のクリエーターが育っている。こういう人たちが日本と交流するのは非常に大事です。両国民、特に若者の国民感情改善の良いクッションになると思います。

たとえば、青山周平《あおやましゅうへい》さんという建築家は、（中国版の）「大改造!!劇的ビフォーアフター」に出演し、いまやものすごい人気になっています。北京の胡同《フートン》という平屋で生活をしていた人々が、彼が二〇万元くらいの予算でリフォームしただけで、すっかり生活が変わりました。このような協力は素晴らしいことです。

問：国民レベルでの交流には、どんなものがあると思いますか？

Y：かつて周恩来首相は「民を以て官を促す」と言いましたが、それを現代にも進めるのが私の持論です。李克強《りこっきょう》首相も二〇一八年に日本を訪問した際、中国と日本で合作映画を作るとし、合意しました。こういう政府間の協定があれば、お互いの映画市場を開放することができます。たとえば『君の名は。』で有名な新海誠《しんかいまこと》監督のスタジオは、中国との合作で、中国の都市を舞台にアニメ『詩季織々《しきおりおり》』を製作しました。これにも私は非常に期待しています。

**北京の書店に並ぶ『君の名は。』**

ただ中国では、かつてのバブル時代の日本のように、映画産業においても資本が暴走し、落ち着いて映画を撮れなくなっています。一方、日本はポストモダン社会に入り、内気になり、みな自分の身の回りのことだけに着目しています。かつての山田洋次のような監督が現れていない。彼らにとって中国など、どうでもいい。ただ、是枝裕和《これえだひろかず》監督が満州をテーマにした作品を撮ると言っています。どのような作品になるか分かりませんが、合作映画が作れるなら、それは素晴らしいことだと思います。

**問**：中国はこれからも、日本のいいものを取り入れていくことはできますか？

**Y**：もちろんです。現在の若い世代には自信があります。自信のない人ばかりが外国のものをボイコットしようとする。不買運動を提唱する人々は、根底に自信が足りないのです。

中国政府も同じように、二〇一八年の年末に輸入品博覧会を上海で開きます。これも自信の表れです。昔おこなった広州交易会、あのときは中国の製品を海外に売ろうとしました。いまは逆に海外の製品を輸入しようとする。それは、ある程度中国が発展したという自信を示すもので、良いことです。

彼はあくまでも「体制内」の知識人ですが、日本を理性的に、客観的に見ています。そして日本映画のオタク……私が彼の意見を尊重し、二〇年以上も交友を続けている大きな理由です。

Yさんから紹介を受けた北京の日本書籍を扱っているという書店に行ってみました。店内は非常に垢抜《あかぬ》けており、ゆったりとくつろぎながら本を読むことができます。

このうち北京東側の五棵松にある「言幾又」という書店。店内に入って最初に目についたのが、日本の文学、そして日本のライフスタイルを紹介する数々の本でした。

『源氏物語』『徒然草《つれづれぐさ》』などの古典文学、『銀河鉄道の夜』『春と修羅《しゅら》』（宮沢賢治《みやざわけんじ》）、『川のある下町の話』（川端康成《かわばたやすなり》）、『人間失格』（太宰治《だざいおさむ》）などの近代文学、『竹久夢二《たけひさゆめじ》画集』などの画集、そして『寺山修司《てらやましゅうじ》少女詩集』、『番犬は庭を守る』（岩井俊二《いわいしゅんじ》）、『くいしんぼう』（松浦弥太郎《まつうらやたろう》）、『君の名は。』『言の葉の庭』（新海誠）などの現代小説、もちろん村上春樹の『騎士団長殺し』も平積みされていました。さらに草間彌生《くさまやよい》の芸術を紹介した『和風帖』という本や、『住んでみたい日本風の家』など、中国の人々の日本文化への旺盛な「食欲」には驚くしかありません。こうしたところにも、中産階級の人々の日本文化への好奇心の強さと、親近感の高さを感じることができます。

## 政府機関で日中の架け橋に

次に話を聞いたのが、友人の二〇代の女性、Zさんです。河南《かなん》省生まれで上海の大学を卒業し、早稲田大学に留学、私が以前所属した中国語ニュース部門で翻訳を担当していました。帰国後は、上海のメディアを経て、現在は中国の政府機関で働いています。

ちなみに私は陳式太極拳が趣味なので、その故郷である河南省の陳家溝《ちんかこう》に行きたいと思っており、Zさんも「いつでもご案内します」と言ってくれているのですが、まだ実現していません。本書が世に出たら、ぜひ行ってみたいと思います。

さて北京の繁華街、王府井《ワンフーチン》のレストランで、香港式飲茶《ヤムチャ》をしながら、Zさんから色々と話を聞きました。

問：日本に興味を持つようになったきっかけは何ですか？

Z：最初に日本語を学んだのは大学でのこと。第二外国語が日本語に振り分けられたのがきっかけで、最初は必ずしも自分の意思で決めたわけではありませんでした。ただ親は「日本語ができれば就職に有利だ」と言っていました。

大学時代に東京郊外にある大学に一年間留学し、そこでお年寄りと「触れ合いパーティ」でよく交流しました。さらには九州の山村で二週間のホームステイを経験。田舎なので退屈なのではと心配しましたが、受け入れてくれた現地の老夫婦が非常にフレンドリーで、その後も正月には遊びに行くなど交流を続けました。いまだにメールで近況を伝えているほどです。

その後、大学を卒業し、再び東京の私立大学に留学しました。その留学先で知り合った中国人男性と、このほど結婚しました。帰国後、メディアの仕事を経て、現在は公務員です。新婚旅行では、ぜひ日本に行ってみたいです。

現在の仕事でも、今後、日本と関係が生まれると思います。社会福祉などの面で日本から学ぶことは多いからです。日本語を生かして本を翻訳したり、日本の政府機関、企業、NGOなどを訪問したりして、日本の経験を中国社会に生かしたいと思います。

問：日本の良い点は何ですか？

Z：日本は中国の近隣にあり、中国より二〇年も早く発展したので、生活環境と住民の素質の平均値が高いと感心しました。つまり、日本のどこに行っても、そのレベルが変わりません。それはとても良いと思いました。

問：日本語を学んだことは、人生にとってプラスになりましたか？

Z：はい、プラスになりました。外国語は外の世界と直接接触するツールです。日本語を勉強したあと、日本に対してだけでなく、ほかの国に対しても、よりオープンで、理性的な目を持つようになりました。

問：職場や友人などとのあいだで、日本について話題になることはありますか？

Z：あります。中国人、特に都市部の若者は、日本に対してより理性的に考えるようになっていると強く感じます。

問：最近「精日」と呼ばれる人々がネットで話題になっていますが、あなたはどのような感想を持っていますか？

Z：「精日派」も「嫌日派」も、本当の日本を知らない人間だと思います。どの国でも、良い点と悪い点があるからです。中国人に、日本人も私たちと同じように普通の人間だと感じさせるのが重要だと思います。

多少模範解答的な部分もありますが、彼女が日本に好感を持っていることは伝わってくると思います。こうした知日派が政府機関で働き、両国の架け橋になってくれることは重要です。

### 奈良にだけ残る唐代の文化遺産

北京では知人の知識人の会合に呼ばれ、そのときに、ある旅行会社の会長を紹介されました。唐《とう》さん（仮名）というその男性は、旅行会社を経営するかたわら知識人との交流も多く、SNSでも活発に発言しているとのこと。しかも中国ではまだ珍しいロードバイクが趣味で、各地を旅行しているとのことです。

私も自転車が好きで、友人とツーリングに行くこともあり、自転車も含めた中国人の日本旅行事情を聞きました。

**問**：中国人が日本を旅行することについては、どう考えていますか？

**唐**：まず多くの中国人は、日本に行く前には、政府による数十年の宣伝によって強い反日感情を抱いています。映画やドラマの影響で、日本は戦争中に本当にひどいことをしたと考えているのです。一方、日中両国が国交を回復したあと日本が行った援助については報道していませんので、庶民が知るはずもありません。

多くの人は日本について理解していません。私はドイツ語を学んだのですが、なぜ日本語を学ばなかったかというと、偏見があったからです。当時は仕方がありませんでした。私たちは教育と宣伝という「毒入りミルク」を飲まされ、（日本に対する）教育や認識が偏っていたのです。

ですが、現在は経済発展の結果、日本に行く人がますます増えています。これは中国人の資質を高めるうえで良いことです。なぜなら日本に行けば、彼らは日本の実情を見て、自分たちにどのような問題があるのかを考えるようになるからです。

知識人に限らず、普通の庶民も、日本社会の清潔さ、安全さ、社会福祉の充実について観察します。彼らが見た日本の姿は（政府の宣伝ではない）真実であり、日本の発展ぶりや街並みの清潔さ、人々の資質を見て、自分たちと比較するでしょう。我々と日本との差は何なのか、なぜこのような差が生まれたのか、考えるようになるのです。

ですから、多くの人が日本から帰ると、周囲に対して日本に絶対に行くべきだと言うようになります。日本とは距離も文化も近い、そして旅行費用も比較的安いのですから。

日本旅行には、もちろんリゾートを楽しむという面もありますが、文化に触れるという面もあります。私は日本語ができませんが、日本に行くと親近感を感じます。街のあちこちに漢字が見られるだけでなく、建築や服装もそうです。ですから、中国の伝統文化を探し求めようとする人は、日本に行くのです。唐代の多くの文化は、関西、特に奈良に多く残っているからです。

奈良に行くと、かつての王朝に戻ったかのような感じがします。街を歩く人々は服装も現代的なので、「歴史と現代が対話」をしている感じを受けるのです。それゆえに、関西は中国で人気があります。

**問**：団体旅行と個人旅行のどちらがメインですか？

**唐**：団体も個人もありますが、最近人気があるのが、DIY形式、つまり自分でツアーを組み立てる旅行です。お客さんがここに行きたいと言えば、我々がホテルなどを手配します。いまは旅行産業も多様化し、航空機チケットやホテルを専門に予約できるサイトもあります。一方、我々のような伝統的な旅行会社の優位性はどこにあるか？　こうしたサイトはホテルなどから手数料を取っていますが、我々は東京、京都、奈良、大阪などに提携したホテルがあり、サイトよりも値段を安くできる点です。

**問**：日本旅行の人数や売り上げは増加していますか？

**唐**：大体の状況を言えば、増加しています。現在は順調ですが、もし大きな衝撃があれば影響も出るでしょう。まずは両国関係、そして為替レートです。

ただ、日中関係は良くても悪くても、庶民にとってはどうでもいい。先に述べたように、庶民は日本に行って好印象を持ち、実際、ネットなどにそうした声を投稿しています。現在は日本に対する偏見も、徐々に正されています。

日本が私たちに、少なくとも建国後、いろいろ良いことをしてくれたことも知られるようになりました。あるいは日本での改革の実現、明治維新の成功、米国との関係性など、多くのことが中国にとって参考となります。

もちろん、どのような政策を進めるかは政府の問題ですが、民間はこうした日本への評価を受け入れています。それゆえ日本旅行はますます増え、多くの人が素晴らしい体験をしたと感じ、それを帰国後に広めるのです。

## 北京大学教授と旅する日本ツアー

**問**：ずばり、日本旅行の魅力とは何でしょうか？

**唐**：様々な街並みに接するため、多くの人が都市と農村の双方を旅します。たとえば私は自転車に乗るのが趣味なのですが、大阪を起点に、神戸、京都、奈良を自転車で回りました。大阪から淀川《よどがわ》をさかのぼって京都に行く道では、途中に森を抜けたり、小さな町や村を通ったり、たいへん素晴らしかったです。京都も自転車で二〜三日かけて回りましたし、奈良へは山を越えて行きました。

**問**：全部でどのくらい走ったのですか？　何人くらいが参加したのですか？

**唐**：七日間で四〇〇キロくらい。全部で十数人、すべて中国人で、女性もいました。私たちの自転車クラブは企業家が中心になっています。

**問**：中国人の海外旅行も多様化していますね？　これまでの団体旅行では満足できないのですね？

**唐**：そうです。たとえばスキー。比較的お金に余裕がある人々は北海道にスキーに行きたいと思っています。中国にもスキー場はありますが、設備やサービスなどの条件が良くないので、ハイエンドのスキーヤーは不満を持っています。だったら多少は高くても日本にスキーに行きたいと思う。もちろん、さらにお金がある人々はスイスに行くでしょうが、あまりに高すぎます。

北京でも二〇二二年に冬季オリンピックを開催するためスキー場が開設されていますが、それでもちょっとお金がある人々は、日本に行きます。

**問**：中国からの観光客を増やすうえで、改善すべき点は何ですか？　一方、旅先で中国人のマナーが問題になっていますが、これに関する感想はありますか？

**唐**：中国語の標識を増やしてほしいですね。また中国人の資質について言えば、確かにもう少しマナーが良くなって初めて、世界中の人が歓迎してくれるようになるでしょうね。

ただ、これには生活習慣の問題もあります。日本に行くと、街なかにはあまりゴミ箱がありません。日本人はゴミを持ち帰るのでしょう。ですが、中国では街のあちこちにゴミ箱が置いてあります。中国人はゴミ袋を持ち歩く習慣がありませんので、ゴミを投げ捨てる人もいるのでしょう。結果、日本だけでなく欧州でも地元住民とのあいだにトラブルが起きます。他国の習慣について教育するしかありません。喫煙者の多い中国人にとって、日本は喫煙場所が少ないのも困った点です。

**問**：今後どのようなツアーを企画したいですか？　日本向けの旅行を拡大していきたいですか？

**唐**：拡大するでしょう。ですが、私はありきたりのツアーはやりません。私は知識人と交流があるのですが、たとえば賀衛方《かえいほう》さん（北京大学教授）など多くのファンがいる知識人に案内してもらう「文化の旅」などを考えています。

賀教授は、江戸時代から明治維新、そして現在までの日本の文化や歴史に、非常に精通しています。彼と一緒に日本の企業を見学したり、日本の学者と座談会を行ったり、博物館に行ったりする。事前に、日本の誰々が書いた本について読んでおくように、とアドバイスすることもあるでしょう。

もちろん観光地について語ってもらうのも意義があるでしょう。大阪について言えば、通天閣などの代表的建築や神社仏閣に関し、その歴史を学んでおけば親近感が湧くでしょう。天皇や武士が、その場所でどのような歴史を刻んだのか、それを知っていれば、見る目がまったく違ってきます。

この種の修学旅行は、それなりの価格にはなるでしょう。通常の数都市を回る旅ならば、五〇〇〇〜六〇〇〇元もあれば十分ですが、学者への謝礼や旅行費を支払うことになるので、一万元、あるいは二万元になるかもしれません。費用のことを勘案すると、だいたい一五人から二〇人が適当でしょう。

日本のマスコミ、大学、研究機関と協力することも必要です。中国の企業家やホワイトカラーなど、一定の収入と教養がある人たちを、中国の著名な学者が引率する……そういうツアーを「世界文明の旅　関西を巡る」などと名付けて企画したら、人気が出るのではないかと考えています。

唐さんの話を聞き、日本の観光市場は、工夫次第《くふうしだい》でまだまだ多くの外国人を引き付けることができると感じました。たとえば自転車のツーリング。台湾は「環島《かんとう》」と称して島を一周するツアーを流行らせていますが、日本でも「しまなみ海道」など美しいツーリングコースもありますので、今後は外国語のできる伴走者が求められるようになるかもしれません。

スキーのほか登山も、中国ではファンが増えており、北京の友人も微信に登山の写真を送ってきます。そこで、富士山だけでなく、日本の百名山などへのツアーも広がる可能性があります。著名な大学教授と回る日本文化の旅というのも、非常に素晴らしいアイデアだと思いました。

## 日本に好感を持つ人は一割？

北京では、中国政府に批判的な若者の意見も聞く機会がありました。前述の軍服マニアの二人もそうですが、市内の喫茶店で会った胡《こ》さん（仮名）は一九八一年生まれ、北京で会社員をしているという、メガネを掛けた温厚そうな男性でした。

胡さんは九〇年代以降の対日世論の変化について、さらに「精日」批判の原因となった軍服事件について、独特の見方を語ってくれました。

**問**：中国では世代によって対日感情に違いがあるのですか？

**胡**：私は一九八一年に生まれた、いわゆる「八〇後」です。八〇年代に日中関係はピークを迎えました。民間や政府の相互訪問、交流、協力が非常に多く、テレビや新聞では「一衣帯水、友好隣邦」というスローガンが常に流れていました。

八〇年代から九〇年代初期、我々の世代は、日本に対して非常に好感を持っていました。なぜなら八〇年代初頭は、まだ中国は遅れており、当時の我々が接した先進的な事物は、主に二つの国、つまり米国と日本からだったためです。日本の多くのテレビドラマやアニメ、たとえば「排球女将（燃えろアタック）」「一休さん」「ドラえもん」などは強く印象に残っています。日本は非常に文化的で豊か、和《なご》やかな社会だと感じました。総じて言えば、日本は私たちよりも進んでおり、憧れの場所でした。

ところが九〇年代後半に入り、世論の風向きが反日へと急に変化しました。私は同級生や友人に対し、「盲目的に日本を恨んではだめだ、君たちの（反日）感情は政府によって誘導されている。彼らが友好と言えば君たちは友好と言い、政府が恨めと言えば恨む。だが八〇年代にはどのような状況だったか、なぜ突然変わったのか考えたことがあるか」と説得しました。私は断じて（政府の誘導を）認めないし、自分の基本的な見方に変化はありません。

しかし我々と同世代の若者は、高校から大学に入るころ、つまり九〇年代末から二一世紀初めにかけて、総じて態度に大きな変化が生じ、日本に反感を持つようになりました。

ところが最近になって政府の信頼性が失われ、この政府は世論や人々の感情をコントロールしているのだと分かるようになり、日本に対して以前ほど反感を持たなくなりました。これは私たち「八〇後」が体験したことですが、我々よりも若い「九〇後」「〇〇後」は状況が異なるでしょう。彼らは生まれたときから（日本について）マイナスの教育を受けていますから。

ただ、現代の若者は日本に旅行するなど、本当の日本に接しています。我々の仲間内には次のような言葉があります。「日本に行って、漢奸（売国奴）にならなかったら、あなたはそれでもまともな人間か」というものです。

**問**：米国と日本の違いについて、何かお考えはありますか？

**胡**：米国人は日本人ほど、細部までこだわる、手を抜かない、ということがありません。以前、中国の五つ星クラスのホテルで、部屋の清掃などが基準どおり行われていないことがありました。そのときみなが同意したのは、世界で最も安心して泊まれるホテルは、日本だけだということです。

**問**：北京、上海、広州など大都市、特に上海など日本との関係が比較的良好な都市では、日本に好感を持つ人はどのくらいいるのでしょう？

**胡**：推測でしか言えませんが、日本に好感を持っているのは一〇パーセントくらいでしょう。政府の言うことを信じ、日本に悪感情を持っている人もいます。ですが、物を買うということなら、多くの人が日本製品を信頼しています。日本の商品の質は高いと感じている人は、おそらくは三〇～四〇パーセントいるでしょう。

**問**：「八〇後」よりも若い人たちの対日感情は、どのようなものなのでしょうか？

**胡**：現在の若者はとても「二次元」が好きです、「二次元」とは、つまりアニメや漫画。これらに熱中する人が多いのです。「二次元」を好きな人は日本に好感を持っていることでしょう。

**問**：ですが、いま中国のテレビでは、以前ほど日本のアニメやドラマを放送しなくなったそうですね？

**胡**：そうです。以前は日本のアニメがたくさん放送されていました。いま我々の年代は、ネットでドラマなどを観ています。新垣結衣《あらがきゆい》のドラマは中国でも非常に人気があります。ただ二〇〇〇年以降生まれは、あまり観ないでしょう。彼らが生まれたときには、すでに（ネットの）壁が完成していて、外部のものに触れることがなかった。ゆえに、わざわざ自ら観ることは少ないでしょう。

## 軍服事件は自作自演の可能性

**問**：あなたは「精神日本人」についてどう思いますか？

**胡**：政府は「精神日本人」に汚名を着せようとしています。実際には、「精日」には数種類あると思います。日本に憧れている人、日本の料理や商品、日本への旅行が好きな人と、

（戦争遺跡で）軍服を着る人とは、まったく程度が違うのではないでしょうか。ですが、あのような極端な人を当局はまず「精日」として批判し、そして「精日」という言葉にマイナスイメージを植え付け、その後「日本が好きな人は皆、ろくな人間ではない」と人々に思わせたのです。

実際には、日本の軍服を着た人にも、二種類あると思います。一種類は本当に自分で着た人、もう一種類はおそらく（政府による）自作自演です。麻薬捜査で警察官が麻薬の売人に扮《ふん》し、容疑者と行動して証拠をつかむのと同様、軍服を着た「精日」は、実はこうしたやらせの可能性があります。日本人はこんなやり方が理解できないでしょうが、我々はよく分かっているのです。

**問**：では、戦争遺跡などで撮影された写真は、政府によるイメージ操作の可能性があるのですか？

**胡**：具体的な証拠がないので、どの事件が、とは言えませんが、こうしたことがあったのは間違いありません。繰り返しますが、私たちは政府のやり方を、よく分かっていますから。

**問**：では、いまは自分が「精日」と公言できなくなりましたか？　日本への愛好は、どのように表現しているのですか？

**胡**：間違いなく公言できなくなりました。ですので、日本旅行が好き、あるいは日本製品が好きだと言うしかないでしょう。

**問**：北京の書店を覗くと、多くの日本関係の書籍が売られています。なかには私が日本で聞いたこともないような本まで翻訳されています。

**胡**：日本の文化は非常に「感染力」が強いのです。たとえば米IT大手オラクルのCEOは、自宅に二億ドルもかけて日本庭園を建築しています。中国の中産階級も所得が増えれば、自らの生活を改善したいと思い、日本の物を取り入れようとするでしょう。

**問**：日本の大衆文化に、どうしてそれほど感染力や吸引力があるのだと思いますか？

**胡**：実用という面から言うと、日本製品はとても質が高い。無印良品や日本料理などです。そして中国人は実用主義という角度だけから日本製品を享受《きょうじゅ》するだけでなく、そのなかに自分たちに欠けているものを見出《みいだ》すのです。

たとえば、いまでは多くの人が「匠《たくみ》の精神」と口にします。中国には日本のような老舗《しにせ》がありません。というのも、中国では役人になることが最大の成功と考える伝統があり、職人を軽視してきたからです。何か一つの技術で生きていくのは困難なことで、日本のように、多くの家族が何代にもわたり一つの技術に磨きをかけるということは、ありえないのです。

**問**：職人は尊敬されないのですか？

**胡**：そうです。ですが、いま多くの中国人が、なぜ我が国の製品の質が悪いのか、粗雑なのか、それを反省するようになり、その答えを日本に求めています。

**問**：中国にも素晴らしい物、伝統文化がありますよね？

**胡**：ハハハ、私は認めませんよ（笑）。第二に、日本は全体的に文化や道徳のレベルが高いのですが、中国は社会も人間関係も緊張しており、人々は生活にプレッシャーを感じています。そして、人々が非常に粗暴になっています。たとえば街角で、ちょっとした一言を原因に、人々が殴り合いのけんかをするのを見ることがあるでしょう。

もちろん日本人も、生活や仕事のプレッシャーは大きいでしょう。でも、少なくとも日本人は、対人関係では非常に礼儀正しいですね。粗暴な環境下で暮らしていると、（日本のような）平和で静かな暮らしを望むようになるものです。

**問**：そのように日本はなかなか素晴らしいと気づくと、自らのアイデンティティや帰属意識を日本に求めることはあるのでしょうか？

**胡**：確かにそうだと思います。人は皆、一種のアイデンティティを持っており、国家というのは共通のアイデンティティを持つ人の集合体です。以前、私は、中国の人は悪くないが、党や政府は汚職や腐敗などの問題がある、と思っていました。ですが、徐々にそうではなく、人に問題があると考えるようになりました。人に問題がなければ、このような政治を行うことはできないでしょう。

ですから、（「ハードな精日」のように）「自分はもはや中国人ではない」と語る人は、自分を中国人から切り離したいと考えているのです。私もときどき生まれてくる場所を間違えたと思うことがありますし、多くの人もそう感じているでしょう。

たとえば大多数の中国人は、正しいかどうかは重要でなく、利益のみが重要だと考えています。数年前、次のような言葉が流行りました。「物事が正しいかどうかを言うのは子供だけだ、大人は利益しか考えない」——ですが私は、正しいかどうかを最優先します。私の考え方は周りの人間とは違うのです。

**問**：では、今後どうしたいのですか？　出国を望んでいますか？

胡：私は出国したいのですが、家族が必ずしも同意しないでしょう。ですが、いま多くの人が多かれ少なかれそう考えています。つまり条件さえ許せば、出国を考えているのです。これは英語で言うエスケープ、つまり逃亡です。

## 自国を指して「貴国」というわけ

問：そんななか、日本は中国とどのように付き合っていけばいいと思いますか？

胡：中国を大きな一つのまとまった存在と見ることは、中国にとっても日本にとっても問題があります。日本に最も害を与えるのは、実はこうした中国観なのです。一九七〇年代から九〇年代にかけて、日本は中国に多くの支援をしました。ですが、これは我々の言葉を使えば「羽が硬くなるのを待っていた」だけ。自分たちが強大になったら、日本を敵視するようになりました。このような中国を育てたのでは、日本にとってメリットはありませんでした。

問：一つの政党がすべてを治めるには、中国が大き過ぎるということですか？

胡：そうです。実際、多くの人が自分の国たる中国を指して、「貴国」または「你国《ニーグォ》（あなたの国）」などと言うようになりました。というのも、上に立つ人間にとって庶民は単なる資源、すなわち石油や石炭と同じような人的資源に過ぎません。中国はいま、既得権益を享受する集団とそれを得られない集団に明らかに分裂しています。それゆえ非利益集団が「あなたの国」などと言うのです。その結果、人々は中国が実際には一つの国ではないと意識するようになったのです。

　最近発生した偽ワクチン事件も、まさにそうです。もし相手が自分たちの身内だと感じているなら、その子供に偽ワクチンなど接種するでしょうか？　ありえないでしょう。これを民族に広げて考えれば、民族とは共同体ですよね。皆、お互いが自分たちの身内だと考えていたら、偽ワクチンで金儲けしようとする人などいない。単に相手からお金を巻き上げられればいいと思っている既得権者がいる。それゆえ多くの人が「あなたの国」などと言うようになったのです。

**問**：人々が自分たちの政府を信じなくなっている――でも、このような矛盾を意識するのは都市部の人々だけで、農民や教育水準の低い人々は違うのではないでしょうか？

**胡**：貧しい庶民は、悪いのは地方政府の役人であり、中央の指導者は善人だと思っています。中央の方針を地方が守らないのだと考えるのです。

**問**：私も中国の地方で罵られたことがありますが、こういう人たちの考えを変えるのは難しいのでしょうか？

**胡**：難しいです。日本人の立場から言えば、変えようとしないほうが良い。あまりにコストパフォーマンスが低いからです。このことは歴史が証明しています。なぜ私がこの民族はダメだと言うのか――中国人は、仮にあなたが良いことをしても感謝しないからです。

一九世紀から二〇世紀、多くの西側の宣教師が、私の故郷にもやって来ました。彼らは先進的な医療や近代的な教育を授け、それを自費でやってくれました。ところが中国の教科書では、彼らの顔に泥を塗っています。日本も、かつて中国に多くのワクチンを提供してくれましたが、中国人はこのことに感謝しませんでした。

中国の昔話にあります。ある農夫が凍りついた蛇《へび》を見つけ、懐に入れて温めてやったところ、生き返ったその蛇に食われてしまった……中国はまさに、その蛇なのです。

ここまではっきりと自国政府への不信感を表明する人に中国で会ったのは初めてでした。本屋を兼ねた喫茶店で、周りの人に聞こえやしないかと、ヒヤヒヤしました。ですが、こうした政治や社会への不満は、ネット検閲を受けないツイッターなど海外のＳＮＳではしばしば囁《ささや》かれていることで、国内でもこうした声が広がることを、中国政府は恐れていると思います。

中国は一つではない――内部では「你国《ニーグォ》」などという言葉を使い、社会の統一感が失われつつあることは前述しました。さらには最近、ツイッター上で「上海民族党」を名乗る組織が海外で生まれるなど、さまざまな事象が起きています。

## 北京・上海間の高速鉄道の実状

胡さんと会った翌日、北京のホテルでテレビを点けると、朝から抗日ドラマをやっていました。ちょびひげでメガネをかけた、「いかにも」といった感じの日本軍の上官が、当時ではありえない防弾ベストを着た日本兵を指揮し、これに対し中国のイケメン男女が拳銃で戦うというような内容でした。

ただ放送時間からすると、勤め人が観るというよりは、自宅にいる老人が観ているのではないかと思いました。いずれにしても、毎回、同じような内容で、よく飽きないものだと思います。あまりに突っ込みどころが多いとんでもドラマは、ネットでも嘲笑の対象になっています。

北京での聞き取りを終え、上海に高速鉄道で移動しました。以前、上海の空港がスモッグの影響で着陸できないというトラブルがあったため、最近は高速鉄道を使うことが多いので

北京で観た抗日ドラマ

す。高速鉄道のターミナルは北京南駅で、地下鉄に直結しており、まるで空港のような広さでしたが、乗客でごった返し、快適とは言えませんでした。またテロの警戒のためか、厳重な荷物検査も受けました。

この日乗車したのは従来型の「和諧号《わかいごう》」ではなく、新型の「復興号」でした。「中華民族の偉大なる復興」という習近平のスローガンから名付けられた車両で、北京・上海を約四時間半で結ぶという最速列車。車内の速度表示は、ほぼ三〇〇キロを超えていました。二〇一一年に高速鉄道で死傷事故が発生したこともあり、一抹《いちまつ》の不安もありましたが、無事、上海虹《ホン》橋《チャオ》駅に到着しました。

速度も目を見張るものがありますが、さらに進化したと思うのが、スマホのアプリで列車の予約や決済ができることです（切符の受け取りは駅に行く必要があります）。

三〇年前、一九八九年に北京から広州まで列車で旅行したとき、最大の問題は切符の確保でした。北京駅の外国人専用窓口に並び、自分の順番が来ると乗りたい列車を申し込むのですが、当時はコンピューターによる発券は導入されておらず、あっという間にその日に発売する切符は売り切れてしまいます。すると窓口のシャッターが閉まり、再び翌日、並び直すことになります。これを三〜四日繰り返し、ようやく切符を手に入れたのを思い出して、中国社会の変化を実感しました。

### 日本に迷惑を掛けぬようにしたい

上海では、日本の金融機関に勤める友人の紹介で、同僚の劉《りゅう》さん（仮名）と会いました。一九七五年、湖南《こなん》省生まれの男性で、地元の大学で「成績が良かったので」日本語を選択、その後、二〇〇一年から日本に留学しました。そうして首都圏の国立大学で教育学を専攻、日本の企業を経て、〇五年に中国に帰国しました。「日本は自分にとって第二の故郷」と、強い思い入れがあるそうです。

劉さん同様、日本語が上手という奥さんとのあいだに七歳の娘さんがいるそうですが、「娘もこれまでに七回、日本に行っている」とのこと。自身も帰国後、一〇回以上は日本に行っているそうですが、今後は毎年二回行くのが目標だといいます。

「日本が好きなので、他の国には行かないし、中国の地方にも旅行には行きません。日本旅行は中国国内よりも割安ですし、新鮮な空気と清浄な環境が味わえるからです。ちなみに買い物が目的ではありません」

実際、上海のスーパーでは日本製品が普通に売られており、同じ品質だと中国製は日本製の二倍の価格なので、かえって割安感があるとのこと。劉さんの話を聞き、上海の日本総領事館近くのショッピングモールに行ってみました。すると、日本の一〇〇円ショップが「一〇元商店」として中国でも店舗展開しており、「一〇元=約一六〇円」なので、日本よりやや割高ですが、多くの客でにぎわっていました。このモールには日本系の店舗を中心にした「Jタウン」があり、上海にいる感じがしないほどでした。

さて劉さんは、日本のテレビ番組、特にテレビ東京のファンであるとのこと。好きな番組を聞いたところ「ワールド・ビジネス・サテライト」「カンブリア宮殿」「ガイアの夜明け」「NHKニュース7」「日曜討論」「NHKスペシャル」「報道ステーション」と、ニュース系の硬派な番組ばかりでした。

日本のテレビはネットで契約して観ているそうですが、「娯楽系の番組は観ないのですか?」と聞くと、「朝の！　さんぽ道」「出没！　アド街ック天国」「厳選いい宿」と、これもまたテレビ東京一筋。ちなみに尊敬する人はキャスターの小谷真生子《こたにまおこ》さんとのことで、テ

上海のショッピングモール「Jタウン」

レビ東京の関係者が聞いたら感激するのではないでしょうか。さらに日本経済新聞などにも目を通し、「広告にも重要な情報がある」と、隅々まで見ているそうです。

ただ、彼はあくまでも中国人の立場で日本を評価しており、「日本を知れば知るほど、かつての中国の文化の素晴らしさ、偉大さを実感する。唐の都、長安《ちょうあん》も、戦乱がなければ現在の京都や奈良のようだっただろう」と語っています。

つまり、前述の旅行会社トップ、唐さんの話にもありましたが、日本に行くと日本が中国から受け継いだ（と彼らが考える）中国文化を再発見できるのだ、という考え方があるようです。そういう意味では、彼は「精日」ではないものの、日本に相当な親近感を持っているようです。「長く日本と付き合うと、だんだん日本の立場になってきます。日本に対してあれこれ注文をする前に、我々中国人が何かしてあげられないか、と考えます。たとえば、中国人観光客が日本に殺到することで、日本に迷惑を掛けないようにしなければ、と考えています」

劉さんにはぜひ、テレビ東京の旅番組を観て予習し、日本各地を探訪し、その魅力を味わってほしいものです。

## 上海の日本総領事館の取り組み

上海では、日本総領事館の広報文化センターで現地での文化広報活動について聞きました。まず、日本に対する雰囲気について聞くと、「北京よりも上海のほうが圧倒的に良い、日本人ということで気を遣うことはない」とのことでした。

そして、以前と比べても、日本文化を受け入れる幅が広がっており、伝統文化やアニメから、最近ではファッションや音楽などへの関心も高まっているとのことです。

アニメ『君の名は。』の主題歌を歌ったＲＡＤＷＩＭＰＳが二〇一八年七月に上海で開いたコンサートでは、大きな会場はほぼ満員で、しかも日本語の歌詞を中国人のファンも歌えるとのことでした。

総領事館では、日本文化のイベントを年間五〇回くらい開催し、二〇一八年八月には、ヨーヨーの学生チャンピオンを招いて演技を披露してもらいました。イベントの告知は微信や微博で行っており、毎回一〇〇人くらいが参加するそうです。

ただイベントに集まるのは、だいたい日本文化にもともと興味がある「常連さん」で、より裾野を広げる必要性を感じているとのことでした。そのため、日本の留学生と中国の学生の交流会を企画し、日本にそれほど関心のない人たちにも呼びかけてもらっているとのことでした。

## 中国人と日本人の最大の違いとは

最後に紹介するのは、上海でお会いした女性コラムニスト、徐瑾《じょきん》さんです。英紙フィナンシャル・タイムズの中国語版に、経済関係のコラムを執筆しています。

徐さんは東京大学に訪問学者として滞在、そのときの日本に対する感想をまとめた『不迷路　不東京（道に迷わなければ、それは東京ではない）』というエッセイ集を、二〇一八年七月に出版しました。

浦東《プートン》地区の上海料理店で三時間ほど話したのですが、話は日本の政治から住宅価格、年金事情にまで広がり、気がついてみれば、本書のテーマについては意見を聞けずじまいでした。後日、寄稿をお願いしたところ、送ってくださったのが以下の文章（翻訳は筆者）です。

「日本のやり方で日本を観察し始めた中国人」

中国人のこれまでの日本文化に対する態度は、慌ただしいものでした。早く日本と接触したくて居ても立ってもいられず、そしてすぐに結論を出したがり、すぐにそれを持ち帰ろうとし、さらにはそれをすぐに応用しようとしていました。

原因は様々です。まずは後発国家の緊迫感があるでしょう。中国人にとって、過去一〇〇年間は緊張感に満ちていました。歴史が（我々を）追いかけ、時代が追いかけていました。異なるのは、かつては革命が追いかけていましたが、現在は発展が追いかけていることです。

近代はこのような緊張感に満ちていました。まさに中国の思想家、厳復《げんふく》が孫文《そんぶん》に「革命よりも教育による国民の改良が先だ」と語ったとき、孫文が「河の清むを俟《ま》つも、人寿幾《いく》何《ばく》ぞ」（黄河の水が澄むのを待っていたら、人間の寿命がいくらあっても足りない）、つまり待ちきれないと答えたのと同様です。

この種の待ちきれないという思いは、後発国家に普遍的な心理であり、中国人がこれまで日本文化に抱いてきた態度も同様です。これまでの「哈日《ハーリー》」や「知日」の産物の多くは、（ファーストフードのように）中国向けの、すぐに消費されるものでした。一方、こうした緊迫感のなかで、当然、多くの誤読が生まれました。旅行にしても異国での生活にしても、実際には、すぐに（その国を）理解できないのは決まりきったことです。もし急いで結論を出すなら、多くは従来からのステレオタイプの見方へと陥ってしまうでしょう。私の観察では、多くの中国人が日本を絶賛しているのを見て、日本の友人たちは謙虚さを失わず、苦笑いしながら「謝謝《シエシエ》」と答え、さらに「もっと色々と日本を見てほしい」と答えることがしばしばありました。

著書を持つ徐瑾さん

ですが、新しい状況が生まれました。ここ数年、中国人、特に若い世代は、日本への接触が増えただけでなく、これまでよりもゆっくりと学ぶようになってきました。彼らは日本文化、さらには一部の少人数のみのジャンルを全面的に理解することに、より興味と我慢強さを持つようになっています。日本に関して、関心を持つ分野は多様化しています。知識人が外交や政治などのマクロな問題に関心を持つのを除けば、一般の大衆は日本文化をより多く体験することに興味があり、少人数による日本文化コミュニティが都市に数多く出現しています。これはフリーツアーから生花や香道など多岐にわたります。さらには日本で開かれる祭りまで、最も着飾って参加するのは中国から来た人だったりするのです。

こうした状況が生まれたマクロ的原因は何でしょうか？　まずは訪日観光客の拡大が挙げられます。この結果、多くの中国人が日本に対してより立体的な見方をするようになったのです。日本の観光局の統計では二〇一八年前半の訪日外国人客は一五八九万人に達し、うち中国大陸からの訪問客はトップの四〇五万人で、前年同期比二三・六パーセントの増加でした。ですが、一人当たりの消費額で見ると増加のペースは落ちており、つまり中国人観光客はもはや爆買いに満足しなくなる一方で、多くの人が日本を何度も訪れるようになっているのです。

日本貿易振興機構（ＪＥＴＲＯ）の二〇一七年の調査によると、日本は中国人が最も行きたい国であり、「日本で何がしたいか」という問いに、一位が「遊園地やテーマパークで遊ぶ」、それに「飲食」「買い物」「（桜の）花見」が続きました。

次に、ネットにアクセスする人が低年齢化していることです。二〇一七年のデータによると、中国のネット市民のうち、三〇歳以下が全体の半分以上を占め、若者がネットの主力となりました。一九九五年以降や二〇〇〇年以降生まれの若者は（生まれたときからネットがあった）「ネット原住民」であり、ソーシャルメディアやスマートフォンを使って同じ趣味を持つ仲間を探し出し、グループを作って、情報や体験をシェアするのです。

まとめてみると、①訪日中国人の増加に伴い日本に興味を持つ人々が増加し、②さらにネット市民の低年齢化によって若者が日本文化をきっかけに仲間になり、③そして徐々に豊かになっている中国社会は（日本的な）中産階級のライフスタイルに対する渇望で満ちあふれている——こうした三つの点ゆえに、日本が大きな窓を提供し、日本文化が民間でますます多くの関心を集めるようになったのです。

注目すべきは、こうした興味関心は民間の自発的な動きであり、草の根の力であることです。その結果、近年、日本文化ブームは多元化の傾向にあり、こうしたブームはかつて韓流などでも見られましたが、日本文化への興味関心（の高まり）という背景のもと、ますます多くの愛好者の集まりが生まれています。

冒頭に述べた緊迫感は日本もかつて持っていましたが、現代化が完成した国には往々にしてゆとりがあり、今日の多くの日本式の文化やライフスタイルの背景には、先進国によくある状態、つまり伝統や享楽《きょうらく》を重視し、個人の趣味を実現する考え方が見られるのです。中国も、いままさに現代化への途上にあり、先覚者である都市の若者は日本文化を喜んで受け入れていますが、これは日本の伝統への興味のようであっても、実際には現代化への憧れなのです。

私自身も、日本にずっと興味を持っています。これまでは旅行に興味がありましたが、現在は日本を研究することに興味があります。日本の温泉、ファッション、風格がとても好きですが、自分を日本化したとは言えない中国人と自認しています。

日本には何度も旅行し、多くの場所を訪れました。二〇一七年には国際交流基金の招待で東京大学を訪問し、日中経済の比較について研究するとともに、日本が多面性に満ちていると感じました。そこで日本経済の研究のかたわら、二〇一八年に随筆集『不迷路　不東京（道に迷わなければ、それは東京ではない）』を出版したのです。

中国の知識人は日本についてマクロ的に（大所高所から）叙述する習慣がありますが、私はそのような考え方を取り入れず、より多くの個人的な感想や印象を書くようにし、生《なま》半可《はんか》な結論を出すことを避けました。学者で作家の劉瑜《りゅうゆ》氏は、以下のように評価してくれました。

「旅行者は急いで（何かを）見つけ出そうとするが、（眼前の事物を）平然と受け流すのは難しいものだ。この『不迷路　不東京』はまさに平然と受け流す書だ。徐瑾さんは旅の途中であちこち探し回ろうとせず、そのまま思いに耽《ふけ》ることを楽しんでいる。まさにそうした表情や声に表れない耽溺《たんでき》のなかから、絶妙な理解が生まれるのだ。日本を書くのに、これほど日本的な方法はないだろう」

中国新聞週刊の書評家、蘇琦《そき》氏は、本書について以下のように論じています。

「今日のような全中国人が日本を観察する状況のなか、徐瑾さんの日本旅行、日本観察の『不迷路　不東京』は、その目的性が強くないがゆえに際立《きわだ》っている。理解できないことやわだかまりに対して知ったかぶりをせず、自分の認知から出発し、ゆとりある状態で新しい識見を受け入れている。自分の知識の枠組みのなかから自然と新たな概念を作るのが、他者を観察し理解するためのより適切な方法だ」

この二本の書評は、私の心のうちを深く理解してくれました。

私にとって、日本に行くことは、異国を理解する機会というだけでなく、日本という鏡を通して中国を理解する機会なのです。

いわゆる本当の自由主義とは、自分たちとは別のライフスタイルが存在することを認めることです。一つの文化を理解しただけでは真の理解にはならず、中国を理解しただけでは真に中国を理解したとは言えない。日本に対しては自分は赤の他人なのであり、爆買いをする観光客よりも多くを知っているわけではないと、常に言い聞かせています。私が東京で暮らしていたとき、自分の足で東京の隅々まで歩き回りましたが、無計画にそぞろ歩くのが最も好きでした。それゆえ道に迷うことも、異国文化の様々な面に迷うこともありました。

英国のある作家は、まさに観察によって、自分の周辺世界における地位を確立することができると述べています。つまり、異なる角度から観察することで、自分が何を見ているのかが決まるのです。若者が粘り強く日本を理解しようとしていることは、最後には、より中国を理解するために役立つでしょう。以前よりもゆっくりとするようになった中国人の日本文化に対する態度は、まさにアルプス（筆者注：スイス）の山中にあるという標語「ゆっくり歩いて、楽しみましょう」のようです。

このような兆《きざ》しが現れ、傾向になりつつあることは、喜ばしいことです。つまり中国人、特に若い世代が自らの問題と向き合う方法を見つけ出したということであり、よりゆとりある態度で日本を含む他の文明を理解するようになり、中国本位で日本を見て、慌てて「目的」なるものを見出そうとしなくなったのです。

日本に長年居住する先輩に、中国人と日本人の最大の違いは何かと尋ねたとき、日本人はより「忍耐」できることだと答えました。日本人の「忍耐」、これは様々な意味があるでしょうが、明らかなのは、忍耐というのも一つの思惟《しい》角度（物事を考える方法）なのです。

今日の中国における日本ブームは、徐々により日本的な（つまり粘り強く、多面的な）方法で日本を観察することを学び始めたのです。

## 抗日ドラマでアジアの若者の心は

現在の中国の若者は、焦《あせ》らずにじっくりと自分なりの方法や興味で日本を楽しむようになった、という徐さんの話は興味深いものです。

日本に対する関心は買い物だけではない。北京の書店で売られていた多くの日本関連書籍のように、より多面的で多層的に広がり、日本に対する見方も落ち着いたものになっていくことが期待できます。

それに対して、日本の中国への関心は、政治、軍事、経済など、日中の力関係に注目したものがほとんどです。文化、社会、人の交流に対する関心は極めて薄いようです。

とはいえ、現在の中国に日本の若者を引き付けるだけの文化があるかというと、ちょっと疑問に感じざるをえません。

抗日ドラマを粗製乱造していたら、日本やアジアの若者の心をつかむようなコンテンツを制作し、発信できるでしょうか――。

私は学生時代から中国映画が好きで、特に現代社会を知るための教材として観ることが多いのですが、一九八〇年代のような作品に巡り会うことは少ない。日本は古代、中国から多くの文化を学びましたが、現在、文化や社会に関しては、日本の魅力のほうが中国を上回っていると思います。

# 終　章　「精日」に対し日本人は

## 民間消費こそ日本への認識を反映

ここまで中国の「精神日本人」現象や、それに対する中国社会の受け止め方などを見てきましたが、では我々日本は、この現象をどう受け止めるべきなのでしょうか。先に結論から言いますと、「日本は中国（人）からますます必要とされており、日本はそうした中国（人）のニーズを受け止め、その存在感を増すべきだ」ということです。

では中国（人）が日本をますます必要としているとは、一体どういうことなのでしょうか。近年「政冷経熱」と言われる日中関係では、政治面で改善傾向があるものの、ここ一五年ほどの対立の影響は残っています。経済面では、日中は相互依存の関係にあります。日本は中国の労働力、そして最近では巨大なマーケットを必要としています。また中国も、日本のハイテク技術や環境技術を必要としており、お互いが相手を必要としている関係だと言えます。

一方、社会的、あるいは文化的には、中国の日本に対するニーズが、日本の中国に対するニーズを上回っていると言えます。歴史的には日本は中国から多くを学びましたが、本書で取り上げた北京の書店、そして旅行業関係者や「精日」の若者の日本観などを見れば、現代日本が多くの中国人に対し魅力的に映っていることは明らかです。

その一例と言えるのが、中国からの観光客の爆発的な増加です。前章の徐瑾さんの文章にもありましたが、たとえば二〇一八年一月〜七月の訪日観光客数（日本政府観光局：JNTO調べ）一八七三万人のうち、中国（香港、台湾を除く）は約四九三万人と、対前年比で二一・五パーセント増加し、国・地域別でトップになっています。

訪日中国人は、JNTOの統計では、二〇〇三年にはわずか約四五万人に過ぎませんでした。それが一七年には約七三六万人と激増し、一八年は年間で八〇〇万人を超えるのが確実。一方、日本からの中国への訪問者数は、同じくJNTOによれば、二〇一六年で約二五八万人と、一二年の約三五一万人と比べても大きく減少しています。

本書にも登場した友人で作家の賈葭さんは、次のように語っています。

「中国政府が日本問題で批判をしても、実質上は何の影響もなく、宣伝のレベルにとどまっているだけです。だから日本はあまり気にする必要はありません。政府系メディアが何を言おうが、何よりも実質を見なければなりません。実質とは何か、それはつまり毎年何人が日本に来ているか、いくらお金を使っているかということです。特に、この民間消費は、国民の真の日本への認識を反映しています。」

私は日本の不動産を紹介するビジネスをやっていますが、いつも強烈な印象を持っています。つまり、日本を訪問した顧客は、ほぼ例外なく、悪いことは言わない、ということです。さらには顧客が初めて日本に来ると、投資することを即決することが多いのです。明らかに、中国の富裕層にとって日本の吸引力は非常に大きい。北京や上海から三時間で来られるし、物価も彼らの消費水準から比べてそれほど高くはなく、不動産はさらに割安です。彼らが望む物件は、北京や上海では一平方メートル一〇万元ですが、東京では三万元前後で買えます」

賈葭さんに限らず、本書で取材した多くの人が、例外なく日本の魅力について語っています。なかには我々が気づいていなかった魅力もあります。もちろん日本社会にも欠点はありますが、彼らの目線で我々の社会を見直すことは、意味があることだと思います。

ただし、中国の日本旅行ブームに、どれだけ乗っかって良いものなのか……観光地では中国人との様々なトラブルも起きています。中国人観光客向けの白タク行為の横行や、訪日中国人による日本の健康保険制度の悪用などに関する報道がありました。

ただ、そのような場合でも、すぐに中国国内では微信などで報道され、日本政府が取り締まりを強化しているという情報が流れます。処罰覚悟であえて日本に来てやろうという人は、当然、減ります。要はダメだと一言伝え、いくつかの事例を摘発すれば、違法行為は下火になるのです。

あれだけ日中関係が悪化していた二〇一〇〜一二年ころから、それ以降も、中国人の訪日客数は増加基調になっています。むしろ政府の都合で日本旅行を禁止するなどという事態になれば、中国国内の不満が極限に達してしまうのではないでしょうか。訪日客が日本の良さを知れば、それまでの偏見をなくし、日本に対する見方がより客観的になります。違法行為や日本社会とのトラブルを防ぎつつ、積極的な対応が必要だと考えます。

## 迫害された中国人の「避難港」に

さらに別の意味で日本社会に魅力を感じ、日本を必要としている中国の人々がいます。それが本書で取り上げた「精日」のように、日本に強い親近感や帰属意識を持っている人々です。彼らが日本に来ると、日本社会の言論の自由や民主主義をより高く評価するようになります。

中国政府は毎年、軍事費を上回るほどの予算を国内治安対策に使っていると報道されていますが、中国が自由に物の言えない生きづらい体制になればなるほど、日本の存在感が高まってくるのです。

その例として挙げたいのが、筆者の友人でもある風刺漫画家、変態辣椒《ラージャオ》（本名：王立《おうりつ》銘《めい》）さんです。彼との付き合いの経緯は、前著『習近平時代のネット社会』に書きましたが、日本を高く評価する言論をネットで発表した彼が、二〇一四年夏、日本訪問中に突然、中国メディアで「売国奴」などと攻撃されました。そして、帰国すれば即身柄を拘束されかねない状況に陥りました。

私は何とか彼の帰国を先延ばしにして、ほとぼりが冷めるまで日本にとどまれないだろうかと、知人の大学教授らの伝手《つて》を頼り、滞在資格を得られるよう奔走《ほんそう》しました。結果的に、彼は三年近くを日本で過ごしたあと米国に渡りましたが、中国の言論状況が厳しくなっている現在、日本は迫害された中国人たちを受け入れる「避難港」や「シェルター」としての役割を持つべきだと考えています。

ただ、一言ここで強調しておきたいのですが、辣椒さんはその後、習近平政権を批判する漫画を発表していますが、あれは中国政府の対応が彼にそうさせたという面があります。もともとは習近平政権を批判する漫画など描いていたわけではなかったのに、それを政府と対立する側に追いやってしまった。中国の厳し過ぎる言論政策にも原因があると思います。

迫害を受けた中国人のシェルターとしての役割については、日本は明治以来の伝統があります。辛亥《しんがい》革命を成功させた中国の革命家、孫文《そんぶん》や、その同志だった多くの革命家は、清朝の迫害を逃れて日本に亡命しました。そのときに宮崎滔天《みやざきとうてん》や梅屋庄吉《うめやしょうきち》ら多くの活動家・思想家が彼らを助けました。もし、そうした人々の支援がなかったら、辛亥革命は成功せず、中国の歴史も大きく変わっていたでしょう。

私は「反中」でも「嫌中」でもありませんが、中国がより民主的で自由な社会になってほしいと願っています。中国の政治状況は、文化大革命や天安門事件に象徴されるように、振れ幅が大きく、リベラルな知識人にとっては迫害を受けるリスクが常にあります。

友人のジャーナリストで、現在はドイツに亡命した長平《ちょうへい》さんも、二〇一〇年に初めて中国で会ったとき、「自分は新聞社（広州市の南方週末）に勤めているので、政府がどの程度の言論までなら許すか、把握している」と語っていました。が、その後、彼は中国で執筆の場を奪われ、祖国を離れてドイツに移住せざるをえませんでした。

著書を持つ変態辣椒さん

二〇一八年に日本に滞在し、在日中に習近平政権を批判する文章を発表した知人の大学教授も、「いまの言論、政治状況は、改革開放の四〇年間で最も厳しい」と語っていました。

日本が安全なシェルターになれば、彼らも日本が民主や自由を尊重する国だと信頼してくれるでしょう。受け入れにはさまざまなハードルがありますが、たとえば訪問学者として一〜二年滞在できるようにするなどの方法で、対応は可能かと考えます。

二〇一八年三月には、メディア関係のシンポジウムに参加するため香港に出かけました。その際に知り合った若い中国人夫婦が、四月に日本を訪れました。

大阪から京都、箱根、東京と回る慌ただしい旅行でした。が、微信で連絡を取り合い、東京に着いてからは浅草寺《せんそうじ》を案内し、一緒に焼き鳥を食べ、新宿の家電量販店での買い物に閉店時刻まで付き合いました。

彼らの微信には、京都の古風な町並みのなかで和服を着た写真が載っています。箱根では温泉に入り、日本の雰囲気に満足している様子でした。彼らの初の日本旅行が良い思い出となるよう、私も微力ながら手助けしたつもりです。

こうした一人ひとりとの付き合いこそが、財産となっていきます。我々日本で暮らす一人ひとりが自覚し、真にオモテナシの気持ちを持って接していけば、より和《なご》やかな関係を作っていけると思います。

中国の高校生が国際交流基金のプログラムで毎年、日本を訪問し、一年近く留学していますが、受け入れている学校やホストファミリーも、非常に重要な役割を担っていると思います。

## 中国のネット空間に日本から発信

さらに「まえがき」でも述べましたが、対中好感度の改善のためには中国向けの発信を強化することが必要です。日本を訪問する中国人は年々増加していますが、それでも一四億の人口に比べれば、ごくわずかです。かたや中国のネット人口は八億二〇〇〇万人、なかでも手機網民《ショウジーワンミン》（モバイルユーザー）は七億八八〇〇万人に達しています。

中国国内の日本に関する報道は、政府や共産党の宣伝部門の方針に左右されます。ご存知の通り、中国には独立した民間メディアは存在せず、それぞれが中央政府や地方政府の管理下にあります。中国政府はまた、メディアは世論を誘導する手段だと位置づけています。

日中間のメディアに関するシンポジウムに出席すると、しばしば中国の側から指摘されるのが、「日本のメディアはなぜ反中世論を野放しにしているのか。なぜもっと管理しないのか」という批判。これは、メディアの果たす役割が日本と中国とでは異なるために起こる批判なのでしょう。ただこれに対しては、「中国メディアの日本に対する報道にも問題がある」と、私は指摘しています。

ですが、インターネット上の言論は、限定的ではあれ、民間社会の声を反映しています。中国政府の規制をくぐり抜け、ある程度の民意を形成し、時には政府に対する圧力になってもいるのです。そのあたりの実例は、前著でも紹介しました。

このネット空間で、我々日本から発信していくことは可能です。ネットが普及する以前は、中国の人々に日本関連のニュースを届ける方法は、短波放送など、ごく限られた手段しかありませんでした。ですが、ネットはその可能性を大きく広げました。

私が二〇〇一年に立ち上げた共同通信の中国語ニュースサイトについて、ある中国のネットユーザーから、「中国メディアのバイアスがかかっていない、『原汁原味《げんじゅうげんみ》』の日本報道」という評価をもらったことがあります。「原汁原味」とは「オリジナルの」「元の味そのままの」といった意味です。

日中間の諸問題について、中国のメディア、研究者、さらに外交当局は、日本人が実際にどのように考えているかを知りたがっています。また、日本の政界の動向や社会問題などについても強い関心を持っています。それらを我々日本のメディアが直接伝えることによって、より正確に日本社会を理解してもらい、知日派を増やしていくことが期待できます。

ただ、こうした対中発信のスキームを、メディアなど民間企業が営利事業として取り組むことは、あまりに難しい。なぜなら対外発信を続けるためには、日本語のニュースを外国語に翻訳するスタッフの経費をはじめ、サーバーやニュースの配信システムなど、莫大《ばくだい》な経費がかかるからです。広告収入もたかが知れていますし、中国の読者から購読料金を取ることも、ほぼ不可能です。発信する側が何らかの持続可能なスキームを作るしかありません。

以前、ある日本政府関係者から、「本来なら我々がやらなければいけないこと（対中発信）を、ずっとやってもらっており、たいへん感謝している」と言われたことがあります。こうした「パブリック・ディプロマシー」（公共外交）については、日本政府も、もっと本腰を入れてほしいと思います。

日中関係の諸問題について発信することに対しては、物怖《ものお》じする必要はありません。日本側の見方を、中国への批判も含めて伝えていくことは必要ですし、実は中国側も、それを知りたがっています。

## 日本では書かない批判を中国で

さらには、日本国内で活躍する中国人ジャーナリストや作家の力を借りることも必要でしょう。微信などでは、日本に関する多くの評論が掲載されていますが、本書で紹介した張石さんや小木犀花さんなど日本で生活する人が執筆しています。

彼らは日本社会を理解したうえで、日本への知識が少ない中国人に向けて書いています。彼らの発信に関心を持ち、多面的な発信を働きかけていくことも必要です。

しかし残念ながら、一部の知日派を名乗る中国人のなかには、言葉は悪いですが二枚舌の人がいるので、注意が必要です。つまり、日本国内では書かないような日本に対する批判を中国国内のメディアや微博などに書いているのです。

私は以前、ある著名な「ジャーナリスト」がそのようなことを書いているのを微博で見つけ、「あなたは同じことを日本語で日本人に向けて書くことができますか」と質問したことがあります。

また、別の「ジャーナリスト」が、中国人研修生が起こした殺人事件について、「毎日（殺害した）社長から『バカ野郎』と怒鳴られ、恨んでいた」などと書いているのを見つけました。ところが実際は、社長はむしろこの研修生のことを気にかけていました。この事実を自分が編集を担当した中国語ニュースサイトで発信し、微博にも転載すると、この「ジャーナリスト」への批判が広がりました。彼は私に脅迫メールを送ってきましたが、無視しました。

このように、在日中国人作家やジャーナリストの大部分は、客観的に日本情報を発信してくれていますが、「あなたが中国で書いたものも見ていますよ」と伝えることが重要です。場合によっては中国語で事実を発信し、こうした誤りを正すことも必要だと思います。

## ソフトパワーが中国を変える

同じことは、訪日する中国人に対しても言えるでしょう。人数が増えるのはいいことなのですが、一方で、日本社会のマナーを守らなかったり、「我々が金を使ってやっているんだ」などといった傲慢《ごうまん》な態度を取る中国人観光客も、一部にはいるようです。現に香港では、中国本土からの観光客や移住者が増加し、そのマナーの悪さや爆買いに対する不満が地元住民のあいだで広まっています。

賈葭さんも、「移住する中国人がますます増えれば、日本にどのような衝撃を与えるかが心配です。香港はすでに明らかで、このような新移民と現地人とのあいだに衝突が起きています。彼ら新移民が旅行したり、民主派に反対したり、国慶節などで大規模な活動をすることを、香港人は非常に嫌悪している。日本でも、当然そのようなことがあるでしょう」と述べています。

このような例としては、二〇〇八年の北京オリンピックの聖火リレーに対する、大規模な在日中国人のデモが記憶に新しいと思います。欧州などで起きた聖火リレーに対する妨害活動を受けて、聖火リレーが行われた長野市では、五星紅旗《ごせいこうき》を振り回す大量の中国人が出現しました。反対派とのあいだに衝突も発生しました。「自国で旗を振れば」との感想を持ったのは、私だけではないと思います。

こうした事態が起きれば、日本人の対中感情に大きく影響するということを、中国側も理解すべきでしょう。ただその後、二〇一七年に東京都内でも、客室に設置された書籍を巡ってアパホテルへの抗議デモがありましたが、参加したのは一〇〇人程度。長野のような大規模な動きにはなりませんでした。中国国内でも、「日本人が中国で抗議デモを行ったらどう感じるか」といった理性的な声が上がったそうです。

我々は好むと好まざるとにかかわらず、中国という強大な隣国と付き合っていかなければなりません。残念ながら現在の政治体制は、民族主義を標榜し、民主主義や自由主義など普遍的な価値観とは違った道を進もうとしています。ただ、反中や嫌中ではなく、また力に力で対抗するのでもなく、さらに無関心を装うのでもなく、日本が得意とするソフトパワー(文化的・社会的な魅力)を中国の人々に伝え、良い意味で中国と向かい合う国になっていくべきです。

## 中国を「パーツ分け」して考える

本書で取り上げた中国人は、ほんの一部に過ぎないという考えもあるでしょう。ただ言いたいのは、では一体、中国人とは何か、ということです。

第四章の北京の胡さんへのインタビューでは、「中国を大きな一つのまとまった存在と見ることは、中国にとっても日本にとっても問題があります。日本に最も害を与えるのは、実はこうした中国観なのです」との指摘がありました。これは中国が、地域的、民族的に分かれているということだけではなく、比較的均質な社会とされる日本と比べ、社会階層の分化が深刻だという意味だと理解しています。

中国研究者のあいだには、「中国は分からないと言うようになって、初めて中国が分かったことになる」というジョークがありますが、これは中国を大きな一つのまとまった存在としてみなした結果、ある「法則」を当てはめようとしても、例外もまた多くなり、結局とらえどころがなくなることを指しているのでしょう。

有名女優の范冰冰《ファンビンビン》が、巨額の脱税をしたとして、税務当局から約八億八四〇〇万元（約一四六億円）の支払いを命じられたという事件が二〇一八年にありました。罰金として一三〇億円も支払うことができる大金持ちがいる一方、日々の生活費にも事欠く貧しき人々が大勢を占める国を、一つの塊《かたまり》として見ることはできるでしょうか。彼らの政治や社会に対する見方は様々であり、日本との関わり方も変わってくるのですから。

以前、ある中国人ジャーナリストと話したとき、「日本が重視していくべきなのは、膨大《ぼうだい》な農民までを含めた一三億の中国人全体ではなく、日本と関わりがあり、かつ政治や外交に影響力を与えることができる一部の人々だ」という意見を聞きました。確かにそうです。私もチベットの奥地などを旅行したことがありますが、そこで知り合った人々とは二度と会うことはないでしょうし、彼らが政治や外交、あるいは対日世論形成に関わってくることもないでしょう。

我々はまず、第二章の図表で示した中産階級、特に日本に関心が高い人々を、主な交流や発信の対象とすべきです。彼らに働きかけ、日本への考え方が、より客観的、多面的になるようにすべきだと思います。親日派を養成せよとまでは言いませんが、彼らを通じて日本を伝えていってもらえれば、好転の兆《きざ》しが見え始めた中国の対日認識も、さらに良い方向へと進むと思います。

そのためにも、日本に熱い視線を送っている「精神日本人」のような中国社会の変化に注目すべきだと、最後に改めて訴えたいと思います。

# あとがき――「精日」が正当に評価されたときの日中関係

私が中国に関心を持ったのは一九八四年、大学に入ったときからです。当時はジャーナリズムの道に進むと明確に決めていたわけではありませんが、中国問題の専門家になりたい、それにはまず語学を学んでおこうと、第二外国語で中国語を選択しました。当時、中国語はマイナーな言語で教材も少なく、辞書も一九六三年に発売された『岩波中国語辞典』（倉石武四郎・著）くらいしかありませんでした。

大学時代には、その後の人生を決めた諸先輩と知り合いました。「まえがき」にも書いた素晴らしい中国人の先生たちもそうでしたが、大学三年の一九八六年、本郷の東大文学部で現代中国に関する優れた授業を受けました。その授業を担当した辻康吾《つじこうご》さんは、毎日新聞の中国特派員を経て大学教授へと転身、『転換期の中国』（一九八三年）『文化大革命と現代中国』（共著、一九八六年）（共に岩波新書）などを執筆した方です。ジャーナリズムとアカデミズムの双方で活躍されたチャイナ・ウォッチャーなのです。

「自分も辻さんのような、ジャーナリズムの時事性とアカデミズムの専門性の双方を兼ねた仕事ができないか」——そう考え、まずは現場に近いところをと、記者の仕事を選びました。

就職先に共同通信を選んだのは、大学四年の一九八七年、東大新聞研究所（現：情報学環）に「日米比較マスコミ論」の講義に来られた松尾文夫《まつおふみお》さんとの出会いがきっかけです。松尾さんは共同通信のワシントン特派員として、リチャード・ニクソン大統領の訪中（一九七二年）に先駆けて米中和解の可能性を予測するなど活躍された人。退職後も『銃を持つ民主主義』（小学館、二〇〇四年）などの執筆活動を続け、二〇一七年に日本記者クラブ賞を受賞されました。

お二人は八〇歳を越えた現在でも活躍されていますが、こうした先輩方の薫陶《くんとう》を受けたわりには、自分のジャーナリストとしての活動は、ぱっとするものではありません。それでも日本メディアでは初の中国語ニュースサイトや、中国ネット社会の研究など、いくつか新しいことを始められたと自負しています。

本書の執筆について提案を受けたのは、二〇一八年四月でした。「精神日本人」をテーマに、一冊の本を短期間で書き上げるというミッションを達成できるか最初は悩みましたが、辻さんの「面白いテーマですね、書いてみたら」との後押しもあり、まず日本で中国人に取材することから始めました。

その結果、「精日」の定義が中国当局により意図的に歪《ゆが》められたことや、中国人としてのアイデンティティとの関係性など、興味深い問題が浮かび上がり、これを仮説としてまとめ、検証作業として日本や中国で多くのインタビューを進めました。

本書を書くために多くの「日本が好き過ぎる中国人」に会い、彼らの日本軍の軍服やサッカー日本代表への愛着だけでなく、なぜ彼らが「精日」になったのか、その心理的な遍歴を聞き出すことに努めました。

そうした関心の根底にあるのは、中国の人々が何を考えているかということです。大学時代にお世話になった中国文学研究者、故・丸山昇《まるやまのぼる》先生（東京大学名誉教授）は、晩年の『文化大革命に到る道』（岩波書店）という著書のあとがきで、天安門事件やその後の経済発展を経た「中国への関心が、もっぱら経済的交流の相手、それに影響しそうな政治的雲行きの観測に偏《かたよ》り、その中に生きている人びとが何を考え、何に悩み、何を喜んでいるかに対する関心は衰えているのではないか」と懸念していると述べています。

そのため私は、本書のテーマである「精日」を含め、中国人が中国社会や日本について、どのような思いを抱いているか、できるだけ客観的に描こうとしたつもりです。

本書を書き上げたあと、安倍晋三《あべしんぞう》首相の訪中（二〇一八年一〇月）を契機に、日中間の二一世紀に入ってからの関係悪化に、ようやくピリオドが打たれました。「日中新時代」が始まり、両国間の政治、経済、文化、観光などの交流が活発化すると、メディアは報じています。

ですが、この安倍訪中を論じた中国のネット上の評論では、以下のような冷静な声も散見しました。

「両国首脳の接触は重要だが、その基礎である両国民の相手への感情はさらに重要だ。（良好な国民感情という）基礎がない関係は、形式的には成功しても、砂上の楼閣《ろうかく》のようなもので、いつでも倒れる恐れがある」

「一度割れてしまった鏡を貼り合わせても亀裂はなくせないように、日中関係はすぐに民間のわだかまりを取り除くことはできない」

民間感情を改善するには、日本側も「嫌中」「反中」から脱却し、「引っ越しのできない隣人」と戦略的に共存する道を探ることが重要です。一方で中国側も、「精日」＝「売国奴」といったレッテル貼りをやめ、反日教育をストップすることが必要。今後はまず、日中の民間感情を正常化することが必要であり、そのためにも「精日」が正当に評価され、両国の交流の橋渡し役になってほしいと考えています。

最後に、この場を借りまして、本書を企画・編集された講談社の間渕隆《まぶちたかし》さん、そして本書のきっかけとなったコラムでお世話になっている「現代ビジネス」の間宮淳《まみやじゅん》さんの両編集者に、お礼を申し上げたいと思います。

二〇一九年一月

古畑康雄《ふるはたやすお》

**古畑康雄**

1966年、東京都に生まれる。共同通信社編集局国際情報室次長。1989年、東京大学文学部（中国語中国文学）卒業後、共同通信社に入社。地方支社局を経て、1997年から北京の対外経済貿易大学に語学研修留学。2001年から16年まで、同社の中国語ニュースサイト「共同網」を企画、運営する。

著書には、『習近平時代のネット社会　「壁」と「微」の中国』『「網民」の反乱　ネットは中国を変えるか?』（以上、勉誠出版）などがある。

講談社＋α《プラスアルファ》新書　806-1 C

**精日《せいにち》**

加速度的に日本化する中国人の群像

古畑《ふるはた》康《やす》雄《お》 

**2019年1月17日第1刷発行**

発行者――――渡瀬昌彦
発行所――――株式会社 講談社
東京都文京区音羽2-12-21 〒112-8001
電話 編集（03）5395-3522
販売（03）5395-4415
業務（03）5395-3615
デザイン――――鈴木成一デザイン室
カバー印刷――――共同印刷株式会社
印刷――――株式会社新藤慶昌堂
製本――――牧製本印刷株式会社
本文組版――――朝日メディアインターナショナル株式会社

定価はカバーに表示してあります。

落丁本・乱丁本は購入書店名を明記のうえ、小社業務あてにお送りください。

送料は小社負担にてお取り替えします。

なお、この本の内容についてのお問い合わせは第一事業局企画部「＋α新書」あてにお願いいたします。

Printed in Japan
ISBN978-4-06-512826-8